LA VALLÉE

DE

MITTERSBACH.

LA VALLÉE

DE

MITTERSBACH,

OU

LE CHATEAU

DE BLANKENSTEIN,

Par M. de FAVEROLLES.

TOME II.

A PARIS,

Chez LEROUGE, Libraire, cour du Commerce
Saint-André-des-Arts.

IMPRIMERIE DE CHAIGNIEAU AINÉ.
1816.

LA VALLÉE

DE

MITTERSBACH.

SEREZ-VOUS toujours timide, mon cher Ulric, disait Mendorf? ne saurez-vous jamais jouir de la liberté que donne le sentiment de sa propre force, de sa supériorité sur le vulgaire imbécille qui se laisse museler par ce que l'on nomme la raison du peuple? et effectivement le peuple ne peut se passer de cette raison, tandis que le philosophe, éclairé par un rayon céleste, n'a besoin, ni ne veut être contraint que par les lois ; car il ne fait jamais rien qui trouble l'harmonie de la société, et il est trop fier pour

II.   I

accorder même aux lois le droit de diriger sa conduite. Ainsi, mon cher comte, ne venez pas m'alléguer leur force comme s'opposant à l'action pleine de justice et d'équité que Pétronille et moi vous conseillons. — Ah! laissez-moi, Mendorf, n'achevez pas d'égarer ma faible raison ; mon cœur ne me porte que trop à suivre vos perfides avis, mais une voix secrète me dit : Prends-garde, ta prétendue équité n'est qu'un prétexte pour suivre ton penchant, et il ne t'est pas loisible de priver un individu d'un état que la société a sanctionné, et que nulle puissance humaine ne peut, si ce n'est par force, lui ôter. — Et c'est pour cela qu'étant fort injustement en possession de cet état, et n'y ayant aucun moyen de le lui ôter que celui que je vous propose, il n'y a pas à balancer. Pétronille dit , et je crois qu'elle n'a pas tort, que vous n'avez pas les entrailles d'un père, que vous préférez le fils de votre ennemie au vôtre. — Elle sait bien le contraire. Mais enfin cet enfant est celui de la comtesse ; puis-je ne pas me dire qu'en voulant avec justice que mon fils soit en possession de mon bien, je le fais jouir aussi de ceux de mademoiselle d'Elkensfeld, qui ne m'appartiennent pas, sur lesquels je n'ai aucun droit ?—A-t-elle craint d'en faire autant en vous donnant le fils de Damster pour le vôtre ? — J'en conviens, mais écoutez-moi, Mendorf, et ne rapportez jamais à Pétronille ce que je vais vous dire,

car je craindrais ses sarcarsmes.
J'ai quelquefois la pensée qu'il est
impossible qu'Isidore ait été coupable. — Ah! cela est différent. Allons, mon cher, vous étiez bien digne
d'être mari, mais mari dans toute
la force du terme, de ces bonnes
gens qui croient tout ce qu'on leur
dit, quand même ils ont la certi-
tude physique et morale que l'on
offense la vérité. Isidore , dites-
vous, n'est pas coupable, et que pensez-vous donc à présent des trois
ans pendant lesquels vous avez entièrement évité tout tête-à-tête avec
elle? Que dites-vous de l'apparition
de Damster, sortant de l'appartement
de Madame, à trois heures du matin, neuf mois, jour pour jour, de
la naissance de Rémond?—Eh bien !

tout cela peut être et qu'Isidore soit innocente. Qui ne sait que, dans le sommeil, nous agissons quelquefois sans pouvoir nous rendre compte de nos actions ? Qui sait si, au milieu de la nuit... — Ah ! ah ! on ne peut porter plus loin la charité chrétienne. Ah ! vous avez raison, mon ami, vous avez donné le jour à l'illustre rejeton de la maison de Zizermann... en dormant. Ah ! le trait est admirable : j'ai envie de le faire imprimer, il sera infiniment agréable pour toutes les femmes dans la situation de la comtesse ; elles pourraient dire à leurs époux : Ne vous fâchez pas, seigneur, rien n'est plus vrai que ce que je vous dis ; vous ne vous en souvenez pas, dites-vous ? rien de si simple, vous étiez endormi. Mais j'en reviens toujours à Damster: dormiez-vous lorsque vous l'avez vu sortir de chez madame de Zizermann? — Non, mais d'avoir vu sortir un homme de chez une femme, n'est pas une preuve convainquante de son infidélité. Ne pouvait-il pas venir dans une intention différente? ne pouvait-il pas avoir été éconduit?..—Oh! vous raisonnez si bien qu'il faut vous choisir pour avocat de toutes les mauvaises causes. Vient-on chez une femme, au milieu de la nuit, lorsque l'on sait son époux absent, pour toute autre chose que pour lui prouver sa tendresse? et est-ce à quatre heures du matin qu'on s'avise de vous éconduire? — J'en conviens, mais comment allier une aussi grande faute avec ce calme qui n'appartient qu'à l'innocence? Ah! je crois encore l'entendre me dire : Je jure, au nom de tout ce qu'il y a de plus sacré, que l'enfant que je porte dans mon sein est à vous, et ne peut être à d'autre. En prononçant ces mots, la vertu la plus pure brillait sur son front, son regard avait quelque chose de céleste. — D'après cela elle est innocente, et son enfant est le vôtre. De quoi vous plaignez-vous donc ? Gardez-vous d'ôter à Rémond des biens qui lui appartiennent si légitimement : c'est un malheur pour Frédéric, mais il n'est que l'enfant de l'Amour, il doit céder à celui de l'Hymen. Je vais dire à Pétronille qu'il n'y faut plus penser. — Ah ! Mendorf, que vous êtes cruel ! ne

puis-je pas faire quelques obser-
vations, vous ouvrir mon cœur,
vous y laisser lire des doutes in-
volontaires, sans renoncer pour cela
à un projet qui assure ma fortune
à mon fils, à celui qui est, sans aucun doute, né de moi et de celle que
j'adore depuis que j'existe ? Mais,
je le répète, j'éprouve un seul embarras, c'est de savoir comment rendre à Rémond celle de sa mère, qui,
sans moi, eût toujours été fidèle à
ses devoirs, car je ne puis me dissimuler que, si je ne me fusse pas
éloigné de ma belle et vertueuse
compagne, que j'en eusse eu des enfans, que je n'eusse pas rendu mère
madame Damster, je ne serais pas
dans cet embarras ; mais une fois
engagé dans la route du vice, on ne

peut plus s'arrêter. — Et à qui la faute, je vous prie? — Je n'accuse personne que mes passions; mais elles me feront bien du mal. — Tout ce que vous dites là est admirable et figurerait à ravir dans le prône de notre curé. Enfin, à quoi vous décidez-vous?—Je l'ignore encore. Dites à Pétronille qu'elle attende à demain.

Mendorf retourna près de madame Damster, et lui rendit la conversation qu'il venait d'avoir avec le comte. Elle en fut outrée de colère. Les louanges qu'Ulric avait données à sa femme la mirent hors d'elle-même; elle jura qu'elle s'en vengerait, et Mendorf l'assura qu'elle ferait bien, et qu'il fallait que le comte souscrivît à ce qu'elle désirait, ou qu'il s'en repentirait.

I **

Quel est donc ce projet, me dit le lecteur? Quoi! vous ne le savez pas? Je vais vous l'apprendre. Mais quel est le bruit qui se fait entendre? Qu'est-il donc arrivé? On coure, on appelle. Pétronille engage Mendorf à aller savoir ce qui se passe et de l'en venir informer. Il sort de chez elle, et la première personne qu'il rencontre, lui apprend que M. le comte de Zizermann le père vient de tomber en apoplexie.

Mendorf se rend aussitôt dans l'appartement du vieillard expirant; là, il le trouve dans un état d'insensibilité si semblable à la mort, que l'on doutait qu'il existait encore. Son fils le soutenait dans ses bras, faisant les plus grands efforts pour retenir son âme fugitive, et demandant à grands cris qu'on allât chercher dans tous les environs les meilleurs médecins que l'on pourrait trouver. D'Hercourt le secondait ; il avait pour le vieux comte la tendresse d'un fils. La comtesse, dont l'appartement était voisin de celui de son beau-père, ne put ignorer le danger de son état ; elle lui est tendrement attachée ; elle n'en a jamais reçu que des témoignagnes d'estime et d'affection. Aussi, malgré ce que peut lui opposer Alexandrine, elle se lève, et, s'appuyant sur le bras de son amie, elle se traîne jusqu'à l'appartement de M. de Zizermann.

Ulric est singulièrement touché de cette marque de sensibilité de sa femme dans une des plus doulou-reuses situations de sa vie ; mais il

craint qu'elle n'expose la comtesse
à une rechute, car depuis quinze
jours qu'elle est accouchée, ce n'est
que de la veille qu'elle est sans fièvre.
Il veut qu'elle s'éloigne de ce cruel
spectacle. — Non, non, dit-elle, je
ne vous quitterai pas. Ah! pouvez-
vous penser, cher Ulric, que je
puisse vous voir dans la douleur,
et ne pas la partager avec vous?
D'ailleurs, n'est-ce pas aussi mon
père que je pleure, celui de mon
enfant? Puis-je oublier la joie qu'il
a eue en se voyant revivre dans mon
pauvre petit Rémond, à qui il a
donné son nom? Je ne vous quit-
terrai pas; je veux, si le ciel le rend
à la vie, comme je l'espère, que ses
regards ne me cherchent pas en vain;
je veux qu'il me voie près de vous,

qu'il nous bénisse encore , qu'il bénisse mon fils, ton fils , cher Ulric,
qu'un jour.....; et elle pencha sa tête
sur le sein de son époux, qui, dans
la profonde émotion que lui causait
la situation de son père, sentit re-
naître en lui des sentimens tendres
pour celle qui partageait sa douleur.
Il la serra dans ses bras, la pria de
se ménager, et exigea au moins ;
puisqu'absolument elle voulait rés-
ter auprès de son beau-père, qu'elle
se mît sur un lit de repos qui était
dans la chambre du comte. Ses soins
pour sa compagne ne le détournent
pas de ceux qu'il rend à son père;
il revient sans cesse auprès de son
lit; il prend son bras; il cherche
dans le pouls un changement qu'il
espère. Cependant rien ne varie dans

la situation de ce respectable vieillard. Les médecins, qui sont arrivés, ne donnent aucune espérance.
Tout le château est dans les larmes.
M. de Zizermann était généralement
aimé : aussi tous s'empressent au-
tour de son lit; il n'est pas jusqu'à
la nourrice de Rémond, qui, après
avoir endormi son enfant, ne vient
aussi savoir des nouvelles de son
seigneur.

La comtesse l'aperçoit, l'appelle,
et lui demande comment se porte
son fils, qu'elle n'avait point encore
obtenu de voir. — Il se porte à ravir, Dieu merci, et est draitement
plus fort et plus avisé que celui de
Mme Damster, quoiqu'ils se ressem-
blent comme s'ils étaient frères. La
comtesse rougit; la pensée qu'on

pouvait croire qu'elle avait eu des
bontés particulières pour Damster
la troubla jusqu'au fond du cœur.
— Ah ! que votre altesse ne s'en
offense pas : il n'y a rien là qui
puisse lui être désagréable , car ils
sont tous deux fort beaux. — Etes-
vous sûre qu'il n'a besoin de rien ?
— Oh! très-sûre ; le voilà endormi
pour plus de trois heures.

La seule Mme Damster s'était dis-
pensée d'entrer chez le comte. Ulric
s'en aperçut, et en fut fâché ; il était
loin d'imaginer la raison qui l'avait
empêchée de s'acquitter de ce devoir.

On se rappelle les débats qui s'é-
taient élevés entre le comte et sa
maîtresse ; il ne s'agissait de rien
moins que de profiter de la ressemblance des deux enfans pour subs-

tituer l'un à l'autre, donner à madame de Zizermann le fils de Pétronille, et à Pétronille celui de la
comtesse. Mais le comte n'était pas
décidé, et on a vu les raisons qui le
retenaient. Pétronille en était fu-
rieuse, et se promettait bien de saisir
l'instant où elle pourrait suivre son
plan sans contrariété.

Au moment où tout ce qui habi-
tait le château était dans l'appartement du mourant ; Pétronille sortit
du sien, tenant son fils dans ses
bras ; elle voit en passant la porte de
la nourrice ouverte ; elle veut voir
cet enfant dont elle désire si vive-
ment la ruine. Elle entre ; la nourrice n'y est pas ; l'enfant dort paisi-
blement dans son berceau. L'occasion est favorable ; jamais il ne s'en

retrouvera une semblable : Pétronille ne la manque pas; elle prend
le fils d'Isidor dans ses bras, posa
le sien dans le berceau, après avoir
changé leurs langes. Le crime est
consommé; il ne faut plus que prendre les moyens pour que le comte
ne puisse pas en empêcher l'effet.
A ce moment Mendorf venait la
joindre; elle lui montre le nouveau
Rémond. Mendorf applaudit à la
courageuse résolution de Pétronille,
et convient avec elle qu'il ne faut
pas perdre un moment pour éloigner le prétendu fils de Damster.
Mendorf se charge de faire préparer
pour Pétronille une litière, afin
qu'elle se rendît à Buosen avec celui qui dorénavant s'appellera Frédéric, et auquel elle ne veut pas

donner son lait. Le muletier est bientôt prêt; Pétronille et sa femme de chambre montent dans la litière avec l'enfant, partent, et madame Damster laisse à Mendorf le soin d'instruire le comte de ce terrible mystère.

Personne ne pouvait s'en acquitter avec plus d'adresse que ce dangereux ami. D'abord il pensa qu'il fallait apprendre le départ de madame Damster à la comtesse de la manière la plus indifférente; il retourna donc dans l'appartement du moribond, s'approche du lit de repos d'Isidore, et lui dit : Mme Damster est partie avec son fils pour Buosen ; elle a reçu une lettre du concierge, qui nécessite son retour chez elle pour quelques semaines. —Il est singulier

qu'elle n'ait pris congé de personne.
— Elle m'a chargé, Madame, de
vous faire ses excuses; mais elle a
craint de vous déranger. Le vrai de
tout ceci, ajouta Mendorf en bais-
sant la voix, et avec le ton du mystère, ce n'est autre chose que l'effroi
que lui cause cet appareil de mort;
et, pour s'y soustraire, elle a mieux
aimé partir, et je parie qu'elle ne
reviendra pas, que tout n'ait repris
ici son train ordinaire.— Elle aime
le plaisir, reprit la comtesse, d'un air
distrait; cela est tout simple, elle est
faite pour en inspirer le goût : elle est
si vive, si enjouée! Pour moi, je l'a-
voue, le douloureux objet qui frappe
ici mes regards n'ajoute presque
rien à ma tristesse habituelle. Ainsi
nous suivons toutes deux notre ins-

tinct; elle fuit les lugubres tableaux,
et je les cherche. Un léger mouvement
qu'Ulric crut apercevoir dans la
physionomie du malade, vint tout-
à-coup porter dans l'âme de son fils
une joie extrême; il fit signe à Isidore de venir l'aider à s'assurer s'il
ne se trompait pas; et effectivement
les yeux de M. de Zizermann s'ou-
vrirent, et comme Isidore s'était
approchée de son lit, elle fut le premier objet qu'il vit en revenant à
la vie. — Ah! c'est vous, ma fille,
dit-il en étendant la main. Isidore
lui donna la sienne. — Qu'il m'est
doux, ma chère comtesse, de recevoir vos soins, de les voir secondés
de ceux de votre époux! Ah!
qu'ainsi tous les sentimens vous
unissent. Je viens de faire l'essai de la

mort; elle n'est pas si terrible qu'on
se l'imagine. Je ne croyais pas rou-
vrir les yeux lorsque je les ai fermés
il y a quelques heures; et, persuadé
que je n'avais rien à attendre que
d'heureux de celui qui ne nous a pas
créés pour être infortunés, je me
laissais tomber doucement dans son
sein. Mais, puisqu'il permet que je
vous revoie, j'en profiterai, mes en-
enfans, pour vous bénir; que cette
bénédiction s'étende sur votre fils,
mon cher Rémond; qu'il fasse la
gloire et la félicité de vos vieux
jours, comme mon cher Ulric a
fait la mienne; et il serra le jeune
comte et sa compagne dans ses bras;
mais tout-à-coup ses forces l'aban-
donnèrent, et il retomba sur son lit
Isidore appelle celui qu'elle aime

comme un père :-il ne répond pas.
Mon père est mort ! s'écrie Ulric,
et il tombe sans connaissance dans
les bras de la comtesse.

On s'empresse de les éloigner l'un
et l'autre de ce lit funèbre, car tout
ce qui était dans la chambre vit bien
que le coup mortel était porté, et
que, s'il s'était ranimé un instant,
l'effort qu'il avait fait pour parler à
ses enfans et les bénir, avait épuisé
ce qui lui restait d'une vie qui est
éteinte pour toujours.

On transporte Ulric dans son appartement, la comtesse l'y suit. Depuis long-temps elle n'avait osé y
pénétrer ; elle aperçoit sur la che-
minée le médaillon où jadis était
son portrait. Un autre y est placé,
mais elle n'a pas le temps de dis-

tinguer les traits de sa rivale. Le
valet de chambre du comte, qui est
dans sa confidence, dérobe, le plus
promptement possible à Isidore, ce
portrait qu'elle n'a pu entrevoir sans
une vive douleur, mais dont elle se
promet bien de ne parler jamais.
Ulric est très-long-temps dans un
évanouissement complet, et, en re-
prenant ses sens, la pensée qu'il n'a
plus de père lui cause une si vive
douleur qu'il est prêt à retomber
dans le même état.

Isidore mêle ses larmes aux siennes : mais c'était moins la perte de
son beau-père qu'elle pleurait que la
pensée que son époux lui était infidèle, pensée qu'elle n'avait point encore eue : mais quelle est celle qu'il
aime ? elle seule l'ignore, et n'arrête

point son imagination sur Pétronille. Elle a entendu parler de Rosa,
et elle se persuada que c'est son portrait que le comte a rapporté d'Italie. Cette idée calme ses alarmes. Le
comte reçut, dans ces premiers momens, les témoignages d'affection de
tout ce qui l'aimait, de M. et madame d'Hercourt, de Mendorf, et
il ne comprenait pas par quelle raison Pétronille ne venait pas chez lui.
Enfin ne pouvant résister à l'inquiétude qu'il éprouvait, il appela Mendorf et lui demanda où était madame
Damster. — Bien près de Buosen ; je
l'ai dit à Mme de Zizermann; elle m'a-
vait prié de lui faire ses excuses si elle
partait sans prendre congé d'elle.
Le comte, extrêmement surpris,
demande à Mendorf, s'il sait le motif

d'un voyage si précipité. — Une
lettre de son concierge, qui lui mandait que sa présence était absolument
nécessaire à Buosen.— Y sera-t-elle
long-temps ? — Je n'imagine pas. —
A-t-elle emmené son enfant ? —
Elle n'eût pu faire autrement, elle
le nourrit : et Mendorf saisissant
un instant où la comtesse était
sortie, dit à Ulric : « C'est une
chose faite, il n'y a plus à délibérer,
elle a emmené le fils de la comtesse. »
A ce mot Ulric sentit un frisson
dans toutes ses veines. O ciel ! dit-
il, qu'a-t-elle fait ? — Rien que
de juste ; si c'est un mal, elle a pris
sur elle toute la faute, on ne peut
rien de plus généreux. — Je ne le
lui avais pas demandé. Et le comte,
livré à tous les tourmens que sa

conscience lui faisait éprouver, voulut au moins être libre de se livrer à
la double peine dont son cœur était
accablé.

Il pria qu'on le laissât seul, disant qu'il sentait parfaitement qu'il
n'éprouverait aucun accident, et qu'il
avait besoin de repos. En effet, il
avait passé une journée cruelle et
bien fatigante. La comtesse voulut
lui demander de rester avec lui,
mais elle n'osa pas; ce portrait lui
avait rendu toute sa timidité, et son
mari se garda bien de l'y engager.
Sa présence était un reproche qu'il
voulait écarter un instant. Elle se
retira donc, et comme elle passait
devant là chambre de son fils, elle
y entra, et ne trouva pas la nourrice.
L'enfant, qu'elle croyait être le

sien, dormait profondément, elle lui donna un baiser, et, imaginant que la nourrice était allé souper à l'office, ce qu'elle ne voulait pas souffrir, trouvant très-mauvais qu'on laissât son fils seul, elle sonna dès qu'elle fut rentrée chez elle. Son valet de chambre vint; elle lui demanda si la nourrice était remontée dans sa chambre. — Je ne sais pas. — N'a-t-elle pas soupé avec vous? — Non, Madame. — Comment! et où est-elle? Sachez-le, et venez me le dire. Le valet de chambre s'informa où était cette femme, et vint, peu de temps après, rendre compte à sa maîtresse de ce qu'il avait appris.

Au moment de la mort de M. le comte, dit-il, il est venu un paysan qui a demandé madame Marceline,

c'était le nom de la nourrice de Rémond. On était si troublé de la perte
de M. le comte de Zizermann et
de la douleur de M. le comte Ulric,
qu'on n'a pas fait grande attention
à ce que cet homme voulait à madame Marceline ; on sait seulement
qu'on les a vus sortir ensemble , et
que depuis la nourrice n'a point reparu.—Et il est plus de dix heures du
soir. — Dites bientôt onze, Madame.
— Et qu'est - elle donc devenue ?
Si je n'étais pas entré dans la chambre de mon fils , que serait-il arrivé
à ce pauvre enfant ? Et elle donna
ordre aussitôt à une de ses femmes
d'aller chercher celui qu'elle croit
être Rémond, et de le lui apporter.

Suzanne alla aussitôt et apporta
le petit qui venait de se réveiller,

.Madame de Zizermann, ne consi-
dérant que le besoin de cette innocente créature, et, croyant céder à
l'amour maternel, présente son sein
à l'enfant.

Comme il n'y avait pas plus de
quinze jours qu'elle était accouchée;
son lait reprit promtement le cours
que la nature lui imprime. Le faux
Rémond en but avidement et s'en-
dormit sur le sein de celle qui se
croyait sa mère. Elle avait fait apporter son berceau dans sa chambre, elle y coucha l'enfant, et, en-
chantée qu'une circonstance aussi
bizarre lui ait rendu la facilité de
nourrir son fils, elle se promit bien
que, lors même que la nourrice re-
viendrait, elle ne lui rendrait pas son
nourrisson. Pauvre Isidore! com-

ment ton cœur ne te dit-il pas que c'est l'enfant de ta plus cruelle ennemie que tu vas nourrir de ton lait?

Elle se dédommage ainsi de la perte du cœur de son époux, et elle pense qu'au moins si une autre la remplace comme épouse, rien ne lui ôtera ces droits comme mère. Cependant le valet de chambre d'Ulric l'avait prévenu que le portrait de madame Damster avait pensé apprendre à la comtesse son secret, et l'engage à trouver un moyen de détruire les soupçons d'Isidore; le portrait de la mère du comte est mis à la place de celui de Pétronille, et madame de Zizermann, en venant le lendemain savoir des nouvelles de son époux, le reconnaît et rit de la frayeur que ce portrait lui avait causée.

Tandis que tout concoure à tromper cette femme infortunée, sachons ce que va faire madame Damster du véritable Rémond............

La haîne que Pétronille avait pour la comtesse rejaillissait sur son fils ; aussi les cris de cet enfant, pendant la route, lui causèrent une impatience qu'on ne saurait exprimer sans lui donner la pensée de les faire cesser de la manière la plus simple, en lui présentant son sein ; car elle était décidée à dire que son lait était tari, et à lui chercher une nourrice. Ce qui fut heureux pour lui, car, en suçant le lait de cette méchante femme, il eût peut-être contracté ses vices. Elle étancha donc la soif de ce pauvre enfant avec de l'eau miellée, moins par pitié que pour se débarrasser de ses cris.

Arrivée à Buosen, elle fit demander une nourrice, et, comme il n'y en avait point dans le village, il fallut remettre au lendemain à en trouver une. Ce fut encore un supplice pour elle de le garder toute une nuit dans sa chambre; mais elle ne pouvait faire autrement. On savait qu'elle nourrissait son enfant; elle n'osait l'éloigner avant de lui avoir trouvé une nourrice; elle le garda donc. Mais, malgré l'abondance de son lait qui la fatiguait beaucoup, elle aima mieux en souffrir que d'en désaltérer celui qu'elle a condamné à passer pour son fils. Elle comptait bien, il est vrai, n'en être pas souvent embarrassée. Je le laisserai,

disait-elle, jusqu'à trois ans en nourrice, de là chez des maîtres qui l'ins-
truiront jusqu'à ce qu'il aille à l'armée. Que de parens calculent de
même pour leurs propres enfans, et
veulent faire croire à leur tendresse
pour ceux qui ne leur ont d'autre
obligation, que celle de leur avoir
donné la vie, toujours triste et fatal
présent pour la plupart des hommes!

On lui amena, dès qu'il fut jour,
une jeune paysane d'une figure
douce, et qui annonçait la santé.
On se hâta de lui donner celui que
nous appellerons maintenant Frédéric, comme on nommait son frère
Rémond, jusqu'à ce que le ciel per-
mît qu'ils reprissent leurs noms.
Mme Damster, débarrassée de la
présence de cet enfant, qu'elle ne

2**

pouvait voir sans éprouver un sentiment pénible, et craignant que dans
son absence le comte n'eût la faiblesse de révéler son secret, se pro-
posait de retourner à Mittersbach.
Elle y aurait trouvé tout le monde
extrêmement surpris de l'enleve-
ment de la nourrice de Rémond;
elle en eût paru aussi surprise qu'une
autre, et cependant elle seule savait
de quelle manière cette pauvre Marceline avait été séparée de la société
pour un grand nombre d'années.
Mais, comme il importe peu au lecteur de l'instruire de quelle manière cet événement arriva, laissons-le ignorer jusqu'à l'instant où
Marceline le racontera elle-même.

Le comte avait passé la nuit dans
la plus cruelle agitation. Il avait su

que la nourrice avait quitté le château, et son imagination effrayée
ne mettait point de bornes aux
craintes que l'audace de madame
Damster lui faisait éprouver. Qu'a-
t-elle fait, se disait-il, de cette pauvre
Marceline? que fera-t-elle du fils
d'Isidore? et il était désespéré. La
pensée du crime le poursuivait, et
il se livrait de nouveau aux regrets
tardifs d'avoir laissé son cœur en
proie à une passion qui ne pouvait
que faire son malheur; car il ne
se dissimulait plus qu'une femme
du caractère de Pétronille était
capable de tout oser.

Mendorf entre dans sa chambre,
le trouve triste, abattu. Quoi! dit-il,
toujours affligé; passe pour le premier moment; il faut, comme le

disent les philosophes, donner quelque chose à la nature; mais quand on a pu se dire à soi-même, c'est un malheur sans remède, aujourd'hui son tour, demain sera le mien, on se console; car enfin, dites-moi à quoi servent à votre respectable père les pleurs que vous versez; raniment-elles ses froides dépouilles? —Non, reprit le comte, tout ce que vous me dites là est certain; mais s'il est des maux irréparables, ce n'est pas une raison pour n'en être pas profondément affligé, et tout ce qui se passe ici et que je ne puis réparer, car on ne me croirait pas, n'en est pas moins désespérant. Cet enfant, sa nourrice, que sont-ils devenus? — Pour l'enfant, je suis certain que Mme Damster l'a donné

à une excellente nourrice, qui vau-
dra celle, dont en effet la disparition me paraît extraordinaire; mais
dont je ne sais pas la cause. Madame
Damster vous en instruira, et sûrement, si elle s'est crue forcée à
prendre quelques précautions, pour
que cette femme ne soit pas à por-
tée de tenir des propos dangereux,
je suis bien certain qu'elle aura
grand soin d'elle. — Quand cela serait, ce que je veux croire sans en
être persuadé, qui consolera son
mari, ses parens? qui aura soin
de ses enfans? — Eh! mon Dieu,
avec un peu d'or on les consolera
facilement. Mais, mon cher comte,
je ne vous connais plus; vous vous
faites des monstres de tout; ne de-
vriez-vous pas être au comble du

bonheur, en pensant au succès mer-
veilleux de cette entreprise ? Personne n'a le moindre soupçon ;
Mme de Zizermann est tellement
persuadée que c'est son fils qui est
resté ici, que l'on m'a assuré que,
touchée des cris de l'enfant qui de-
mandait sa nourrice, elle a essayé,
pour le calmer, de lui présenter son
sein ; que l'enfant de Mme Damster
l'a pris avec grand plaisir, et qu'enfin elle est comblée du bonheur....
— Elle le nourrit ! si elle savait ! —
Elle ne le saura pas ; qu'a-t-elle
besoin de le savoir ? Tout est dans
l'ordre, c'est votre fils qui vous
succédera, et je vous l'ai déjà dit,
vous pourrez vous occuper du sort
de l'autre, pour qu'il ne perde pas
entièrement les biens de sa mère.

Allons, Zizermann, du courage,
tâchez de vouloir bien être heureux.
Il y a tant d'hommes qui désirent
de l'être sans pouvoir y parvenir.
—Jamais on ne peut l'être avec des
remords. Je vois, reprit Mendorf,
qu'on ne peut attendre que du temps
un changement d'opinion ; car, tôt
ou tard, je suis bien sûr que vous
réfléchirez et bénirez la courageuse
femme qui a tout remis dans l'ordre. En attendant son retour, qui
fera plus que tout ce que je pourrais
vous dire, je vous engage à ne pas
rester enfermé, comme vous l'êtes,
dans une chambre où le soleil ne
pénètre pas ; levez-vous, allez à la
chasse, prenez de l'exercice, votre
chagrin se dissipera, s'usera par le
mouvement. — Non, laissez-moi,

Mendorf; serait-il convenable que j'allasse courir le cerf, tandis que mon père n'a pas encore reçu les honneurs de la sepulture? En vérité, monsieur Mendorf, avec votre système, de se rendre toujours le plus heureux possible, vous portez loin l'oubli des convenances, que l'on ne peut choquer, sans courir le risque de perdre toute considération. — Ah! vous mettez de l'humeur, mon cher, je me retire et attendrai, pour vous revoir, le retour de votre raison que la douleur égare. Et en effet, non-seulement il sortit de chez le comte, mais même il partit pour Buosen, afin de prévenir Pétronille de l'humeur sauvage d'Ulric, qu'il ne fallait pas laisser trop long-temps à lui-même.

Il arriva à Buosen, comme Pétronille allait en partir. Cependant
elle retarda son départ, pour avoir
quelques détails sur ce qui se passait à Mittersbach. Elle fut moins
effrayée que Mendorf de l'état où
il avait laissé le comte. Cela ne
m'étonne point, dit-elle, c'est un
homme sans caractère, qui ne sait
ce qu'il veut ; mais, par la même
raison, je lui ferai vouloir ce qui
me conviendra. Il aime son enfant
d'un amour de *mère*. Je ne crains
point qu'il se repente d'une manière
dangereuse, pour mon fils, de ce
qu'il a fait ; car, dans cette occasion,
il sentira que se taire ou agir est
absolument la même chose. Il laissera tout, ainsi que mon courage l'a
disposé. Le parti que la comtesse a

pris de nourrir cet enfant servira merveilleusement mes projets ; le comte pourra se livrer à toute sa tendresse pour lui, sans craindre leurs conjectures. Au contraire, plus il l'aimera, plus Mme de Zizermann sera heureuse : ses parens, s'ils viennent à Mittersbach, seront ravis de joie. Je me réjouis de l'idée de voir le vieux comte d'Elkensfeld pleurer de tendresse en voyant Ulric donner un baiser à son fils dans les bras de la comtesse. Quel délicieux tableau ! s'écriera-t-il dans le ravissement qu'il éprouvera ; et cependant cet enfant ne sera rien ni à la comtesse, ni au père de la comtesse. Convenez, Mendorf, que c'est une chose charmante, et qui nous fournira, à vous et à moi, un sujet inépuisable de plaisanteries. — Je suis bien de votre avis ; mais la nourrice m'inquiète ; je crains que vous n'ayez été trop loin. — Non, je n'ai fait que ce que la prudence exigeait. — Le comte tremble que vous l'ayez sacrifié à votre sûreté. — Ah ! peut-il avoir cette pensée ? — Les âmes faibles voient le crime partout. — Cette femme est très-heureuse, et dans quelques années je lui rendrai la liberté ; mais cela était indispensable. Elle se serait aperçue dans l'instant de l'échange des enfans, d'autant plus que le fils d'Isidore a une marque bien aisée à reconnaître, c'est comme une feuille de rose sous la mammelle gauche, que mon fils n'a point. A l'instant de la naissance, ces sortes de signe sont peu visibles, mais depuis quinze jours il s'est développé, la peau de l'enfant cessant d'être rouge. Ce signe est très-frappant; et la nourrice, qui a constamment changé, habillé et déshabillé son nourrisson, l'a sûrement remarqué, et n'aurait pas manqué de dire qu'on le lui avait changé. Mendorf fut étonné de la justesse de ce raisonnement, et dit à Pétronille qu'elle avait très-bien fait, et qu'il ne doutait pas qu'elle ne fît sentir à Ulric toutes les obligations qu'il lui avait.

Le comte, dont le cœur eût été fait pour la vertu si de perfides amis ne l'avaient pas entraîné dans le sentier du vice, eut beaucoup de peine à revoir Pétronille, sans lui marquer le mécontentement qu'il éprouvait de la hardiesse de sa con-

duite. Mais cette femme sut bientôt
le ramener à elle en le tranquillisant
sur le sort de l'enfant et de sa nourrice. Elle trouva, avec autant de facilité, les moyens de rendre simple
aux yeux des habitans du château
de Mittersbach le parti qu'elle avait
pris de cesser de nourrir son fils :
elle avait, dit-elle, perdu son lait ;
on la crut, et il n'en fut plus question.

En effet, arrivé à Mittersbach
fort peu de jours après, le comte
reprit, avec son amour pour Pétronille, la confiance en ses perfides
conseils ; et, comme celle-ci l'avait
prévu, la pauvre comtesse dut aux
soins qu'elle donnait au fils de
Mme Damster des momens heureux;
car le comte adorait cet enfant ; il
ne pouvait pas s'empêcher de par-

tager ses caresses entre son fils et celle qui lui tenait lieu de mère ; et elle disait à Alexandrine : Vois, mon amie, combien le ciel prend pitié de moi ; cet enfant, que je craignais qui ne fût un sujet de discorde entre mon époux et moi, est, au contraire, le lien le plus doux. Il a l'air si reconnaissant de mes soins pour Rémond, qu'il ne sait comment me le témoigner, comme s'il y avait quelque mérite à une mère d'aimer son enfant! Ah! j'espère, ma chère Alexandrine, que rien ne troublera plus mon repos ; et si le Ciel exauçait ma prière, il te donnerait une fille pour en faire la compagne de mon fils. Alors, quel plaisir pour moi d'appeler ma fille celle de ma seule amie, et de lui entendre ap-

peler mon fils le sien ! ce serait le
comble de la félicité. Le Ciel fut
long-temps sourd aux vœux des
deux cousines, mais enfin écouta la
prière de la comtesse. Mme d'Hercourt, cinq ans après, eut une fille,
qu'elle nomma Iseult : Mme de Zizermann fut sa marraine, et elle
la regarda dès cet instant comme sa
fille.

Cependant les deux enfans d'Isidore et de Pétronille croissaient, et
Ulric avait imposé silence aux mur-
mures de sa conscience, et s'occu-
pait fort peu de réparer, au moins
par ses dons, l'injustice qu'il avait
faite au fils d'Isidore. Cet enfant
était resté jusqu'à plus de quatre ans
chez sa nourrice, et ce fut peut-être
les plus douces années de sa jeu-

nesse : il revint enfin à Mittersbach.
Dès qu'il fut de retour, il se vit tellement asservi aux caprices de son
frère, qu'il eût été le plus malheureux des enfans, si la comtesse, qui
était la justice même, n'eût pas
constamment pris son parti contre
celui que tout, excepté son cœur,
lui disait être son fils. Le faux Rémond, il est vrai, annonçait un caractère détestable. Il était beau, spirituel ; mais il ne se plaisait qu'à
contrarier et à faire souffrir tout ce
qui l'entourait.

Il suffisait que la comtesse parût
tenir à une porcelaine ou à un miroir, pour qu'il les cassât ; le chien
que son père aimait le plus était
celui qu'il prenait en grippe, et il faisait son possible pour l'estropier.

Pétronille n'était pas à l'abri de ses méchancetés. Si elle le prenait sur ses genoux, il la pinçait jusqu'à la faire crier, et alors il riait de tout son cœur. Elle ne l'en trouvait pas moins une créature charmante ; et, prenant ses sottises pour preuve de la supériorité de son esprit, elle soutenait qu'il n'y avait que les enfans espiègles qui fissent des hommes de mérite. Je serais peut-être de son avis ; mais entre les espiégleries qui, réellement annoncent de l'esprit dans les enfans, ou ce fond de noirceur que le fils de Pétronille dénotait chaque jour, il y a une bien grande différence.

Quant au fils d'Isidore, tout charmait en lui ; malgré sa ressemblance avec son frère, sa physionomie avait

tout un autre caractère; la bonté de
son cœur s'y peignait et lui donnait
une expression si touchante, qu'il
était impossible de lui résister. Pétronille elle-même s'étonnait quelquefois d'être entraînée vers cet enfant,
qui devait lui être d'autant moins
cher, qu'elle lui avait fait plus de mal.
Tout le monde aimait le fils d'Isidore ; tout le monde, excepté son
père, sa mère, et celle qui passait pour
l'être, détestait celui de Pétronille.
Quand il eut atteint l'âge de sept
ans, on donna au faux Rémond un
précepteur, qui, trouvant en lui les
plus grandes dispositions pour les
sciences, se flattait d'en faire un
sujet de distinction; mais en vain
réussissait-il à tout ce qu'il entre-
prenait; son orgueil, la dureté de

son caractère lui aliénèrent bientôt
le cœur de son maître, qui s'attacha
singulièrement à son frère.

Celui-ci n'avait pas moins de disposition que lui, et il y joignait tout
ce qui plaît et attache, surtout dans
un enfant, qui ne peut être opiniâtre
et insensible sans manquer au des-
sein de la nature, qui veut qu'un
être faible soit doux et caressant.
Le faux Zizermann s'aperçut de la
préférence que l'abbé accordait au
fils d'Isidore; il s'en plaignit amère-
ment à sa mère, c'est-à-dire à la
comtesse, qui n'écouta pas ses plain-
tes, et l'assura qu'il était trop heureux d'avoir pour émule un jeune
homme d'un caractère et d'un talent
aussi parfait. Mécontent de n'avoir
point été écouté, il s'adressa à Pé-

3*

tronille. Celle-ci obtint du comte qu'il
renvoyât le digne instituteur qu'il
avait choisi pour en prendre un autre
qui, ayant été instruit de ce qui avait
causé la disgrâce de son prédécesseur,
se promit bien de ne pas être renvoyé
pour le même sujet. Bas flatteur,
il négligeait entièrement le prétendu
Damster, le rebutait sans cesse,
prétendait qu'il n'était propre à rien,
l'accusait de tout ce que le fils de
Pétronille faisait de mal, et enfin
le rendait si malheureux que le pauvre enfant en tomba malade de chagrin. Ce fut alors que la force du sang
agit puissamment sur le cœur de la
comtesse. Elle ne put apprendre que
cet enfant ne récevait aucun soin de
Pétronille sans en être indignée.

Elle le fit transporter dans son

cabinet, passa les nuits près de lui, ne le quitta pas le jour. Enfin elle s'en occupa tellement, qu'elle le tira des portes de la mort.

Alexandrine, qui la voyait extrêmement fatiguée, lui disait : « Que ferais-tu donc de plus pour ton fils? » —Peut-être pas tant, car, je ne m'en défends pas, celui-ci m'est bien plus cher. Avec quelle tendre reconnaissance le faux Damster prenait sa main dans les siennes ! comme il la couvrait de baisers ! Ah ! que n'êtes-vous ma mère, disait-il à la comtesse, non que j'envie le rang du comte Rémond, mais par la douceur infinie que je trouverais à vous donner ce nom, et puis vous m'aimez : n'est-ce pas à vous que je dois la vie? Ma mère me laissait mou-

rir, vous m'avez sauvé. La comtesse cherchait à excuser madame
Damster, car elle était si parfaitement bonne qu'elle ne pouvait supporter qu'on la louât aux dépens
d'une autre, et, quoiqu'elle eût
d'assez grands sujets de plainte contre Pétronille, celle-ci cessait de se
contraindre, et fière de voir son fils
seul et unique héritier des grands
biens réunis des maisons de Mittersbach et d'Elkensfeld, ne trouvait
plus nécessaire de ménager Mme de
Zizermann, à qui elle ne laissait que
le nom d'épouse du comte, et en
envahissait tous les droits.

Alexandrine, qui aimait tendrement sa cousine, ne pouvait supporter l'audace de Pétronille, et ne
manquait aucune occasion de la

mortifier. Isidore suppliait son amie
de modérer son zèle. Qu'y gagne-
rons-nous, lui disait-elle? peut-être
d'engager M. de Zizermann à se sé-
parer de moi et à se retirer à Buosen avec mon fils et celui de Pétronille; alors que deviendrons nos projets? Alexandrine n'osait pas lui répondre qu'elle était bien éloignée
d'en désirer l'exécution ; c'eût été
déchirer son cœur ; mais il n'y avait
aucun doute que ni elle ni M. d'Hercourt ne pouvaient voir avec plaisir
la gentille Iseult unie avec Rémond,
dont l'humeur farouche ne pouvait
que faire le malheur de celle qui
porterait son nom, et ils s'en rap-
portaient sur cela à la hauteur du
comte qui, peut-être, ne trouverait
pas que mademoiselle d'Hercourt

fût un parti assez considérable pour
son fils. J'espère, disait Alexandrine à son époux, que l'obstacle à
cette union viendra d'Ulric, et que,
sans que nous ayions besoin de dire
à ma cousine les raisons que nous
aurions de nous y opposer, elle n'aura
jamais lieu.

Les choses en étaient là quand
M. d'Elkensfeld mourut et laissa à
sa fille des biens immenses. Ils ne
la consolèrent pas de la perte d'un
père qui l'avait toujours comblée
de bontés. Mais ils réveillèrent les
remords d'Ulric; il ne put les cacher à Pétronille et à Mendorf, et
il leur déclara qu'il n'aurait aucun
repos tant que le fils d'Isidore serait
privé de la fortune de sa mère; mais
quel moyen employer pour déna-

turer ces biens et les faire passer à leur légitime héritier, qui cependant n'y pouvait prétendre tant que les choses demeureraient dans l'état où elles étaient ?

Le nouvel instituteur avait achevé de corrompre le cœur de Rémond, et s'il avait, par le secours des auteurs, poli son esprit, il avait laissé germer dans son âme tous les vices, l'orgueil, l'envie, la jalousie, l'amour excessif des richesses, pour les prodiguer. Dur envers les pauvres, qu'il ne secourait jamais, tandis que Frédéric leur donnait tout ce que la libéralité de la comtesse mettait à sa disposition. Il maltraitait ses domestiques, se faisait haïr de ses égaux, redouter de ses inférieurs, n'avait nul principe de religion. Il

3**

ne respectait pas plus son père qu'il
ne l'aimait. Tel était ce malheureux
jeune homme à dix-sept ans, et cependant il n'avait point encore res-
senti le pouvoir des passions ; que
sera-t-il lorsqu'elles se développe-
ront et qu'elles prendront la teinte
de son caractère ? Malheur à celle
qui la première l'enflammera. Hélas!
ce malheur est réservé à Iseult. Elle
vient d'atteindre sa treizième année.
Elle a toute la douceur, la modestie
de sa mère, avec la régularité des
traits de Francisque. Elle est élevée
avec le plus grand soin par sa mère
et par son amie, qui se sont dis-
putées la gloire de la former à toutes
les vertus, dont elles lui offrent le
modèle, et dont le germe était dans
son cœur. Ces grâces sont naïves,

son esprit cultivé sans pédantisme :
Elle pince le luth avec une grande
supériorité, et sa voix, qui n'est pas
encore développée, est douce et so-
nore, enfin tout annonce qu'elle
sera une femme charmante. Frédéric (1) a été le premier à le re-
marquer. Il ne sait de l'amour que
le nom, et il en ignore les effets.
Il ne sait pas pourquoi, lorsqu'il
entend le pas léger d'Iseult, son
cœur bat avec violence. Il ne sait
pas pourquoi il est triste et malheureux loin d'elle, et que, dès qu'il la
voit, il éprouve une joie si douce,
qu'il ne desire plus rien ; il ne sait

---

(1) On n'a pas oublié, j'espère, que celui
qu'on nomme Frédéric est Rémond, et que
celui qu'on appelle Rémond est Frédéric.

pas pourquoi jusqu'à présent il a embrassé Iseult comme il embrassait sa mère, la comtesse, quand elle le lui permettait, et qu'à présent il ne saurait prendre la main de sa jeune amie sans éprouver un trouble inconnu dans tout son être ; il ne sait rien de tout cela ; et qui le lui apprendra ? Le demandera-t-il à Mme Damster ? Il n'oserait pas, elle a toujours avec lui l'air si sévère ! En parlera-t-il au Mentor de Rémond ? il ne lui inspire aucune confiance. Quant à M. le comte, il ne lui parle jamais. M. Mendorf, par ses manières douces, insinuantes, lui paraît plus propres à recevoir cette confidence ; d'ailleurs, il lui témoigne de l'amitié ; tout le monde dans la maison a confiance en lui : c'est le meilleur

ami d'Ulric, le conseil de Pétronille ; et souvent Alexandrine et Isidore s'en rapportent à lui pour le
choix d'un bijoux ou d'une étoffe.
Ce sera donc à lui qu'il s'adressera
pour apprendre ce qui depuis six
mois a changé tout son être. Mais
comment lui expliquer ce qu'il sent
si bien, ce qu'il lui est impossible
de rendre ? et puis il craint qu'il
ne se moque de lui. Frédéric a la
timidité de sa mère ; elle cédera
avec le temps aux vertus de son sexe ;
mais alors à dix-huit ans on n'était
pas encore un homme important. Il
remit donc à quelque temps à parler
à M. de Mendorf, et souffrit en
silence le tourment qu'il éprouvait,
et qui cependant lui paraissait si
doux, que pour rien au monde il

n'eût voulu ne pas aimer Iseult comme il l'aimait depuis six mois.

Malheureusement pour lui il n'était pas le seul qui l'aimât. Rémond n'avait pu la voir chaque jour sans la trouver infiniment plus jolie que toutes les femmes qu'il connaissait. Son amour prit à sa naissance le caractère du cœur qui l'avait conçu. Doux, timide, silencieux dans celui de Frédéric, il fut turbulent, inquiet, plein d'audace dans celui de Rémond. Il n'en fit point de mystère à M. de Mendorf; il lui fit à-peu-près les mêmes questions que celles que Frédéric aurait pu lui adresser; mais il s'expliqua avec une telle véhémence, que Mendorf en aurait dû être effrayé, si celui-ci avait eu dans son âme quelqu'atta-

chement pour le fils de Pétronille.
Mais cet homme immoral ne vit
dans la confidence du jeune homme
qu'un moyen d'augmenter son cré-
dit dans la famille au milieu de laquelle il goûtait tous les plaisirs que
peut donner une immense fortune,
et, par un autre motif, que nous
saurons plus tard, il écouta avec
beaucoup d'attention ce que Rémond
lui racontait de sa passion pour
Iseult. Quand il eut fini de parler :
C'est de l'amour, lui dit-il, que
vous avez pour cette jeune personne.
Reste à savoir deux choses : si vos
parens consentiront à vous la donner. — Qu'ils me la donnent ou non,
elle sera à moi. — Savoir si elle voudra. — Il n'y a aucun doute. Ne
suis-je pas comte de Mittersbach,

baron de Buosen , margrave de d'Elkensfeld ? N'ai-je pas voix et séance à la diète de l'Empire, où j'ai un ambassadeur ? N'ai-je pas plus de vingt châteaux ? Pas cent mille ducats de rente ? — J'en conviens ; mais cela ne fait pas toujours qu'on est aimé. — Je suis grand, bien fait, on m'a dit vingt fois que ma figure était noble et régulière; j'ai de l'esprit, des talens : avec cela on plaît certainement. — Non, pas toujours : les femmes sont si bizarres, si fantasques, que je ne serais pas surpris que votre belle ne vous préférât Frédéric. — Dieu veuille que cela ne soit pas, car je l'étrangle de ma main. — Frédéric ou Iseult ? — Frédéric ! cela va sans dire. — On n'étrangle pas si

aisément que vous le pensez, et cela
a des suites. — Je ne sais, mon cher
Mendorf, ce qui vous passe aujour-
d'hui par la tête, mais vous me
contrariez sur tout ; et vous savez
que cela ne me convient pas. Vous
avez beau être en possession de gouverner ici tout le monde, il n'en est
pas de même de moi. Si vous pro-
tégez Frédéric, si vous croyez que,
parce qu'il est fils de Pétronille, il
doive l'emporter sur moi, je m'en
plaindrai à la comtesse, je lui dirai
beaucoup de choses qu'il serait bon
qu'elle sût, et nous verrons si elle
vous laissera toujours gouverner
l'esprit de mon père. — Mais c'est
à moi, mon cher Rémond à vous
demander quelle fantaisie vous fait
imaginer que je vous préfère le

pauvre Damster. Mon Dieu! si vous pouviez lire dans mon cœur, vous y verriez bien le contraire, et ce n'est pas à vous à vous plaindre de moi. Et parce que je vous ai dit qu'il était possible que votre jolie cousine le préfère, vous m'en rendez responsable, et vous allez inconsidérément troubler le repos de la comtesse par vos prétendues découvertes. — Pourquoi me contrariez-vous? — Je ne vous contrarie point, je vous représente ce qui peut être. — Ce qui ne doit pas être, ce que vous devriez empêcher en avertissant Mme d'Hercourt. — Et de quoi voulez-vous que je l'avertisse? — Que sa fille aime Damster. — Rien de si facile; mais on me demandera qui le prouve, et je serais fort embarrassé de le dire. — Et pourquoi, cruel homme que vous êtes, m'en faites-vous la confidence ? Pourquoi me le dire, si vous n'en êtes pas certain. — Aussi je ne vous le dis que comme une conjecture : cela n'est pas, mais cela pourrait être. — Ah ! vous ne prenez aucune pitié des maux qui me déchirent. Oui, je le répète, malheur à Frédéric s'il est aimé ! Mais, écoutez-moi, Mendorf, vous avez tout accès auprès d'Iseult ; sachez d'elle si elle aime Frédéric ; et, si cela est, conseillez à Pétronille d'éloigner son fils si elle veut qu'il vive. — Eh ! comment voulez-vous que j'aille demander à cette enfant, car pensez donc qu'Iseult entre à peine dans sa quatorzième année, que j'aille lui de-

mander si elle aime Frédéric ? Elle
me répondra que sûrement elle
l'aime , qu'elle vous aime aussi,
qu'elle vous aime tous deux ; et si
je veux savoir si elle a pour l'un ou
pour l'autre un sentiment de préférence , elle cessera de m'entendre,
parce qu'à son âge on ne préfère
rien. — Et n'est-ce pas vous tout-
à-l'heure qui disiez qu'elle préfére-
rait Frédéric ? — Je vous ai dit que
c'était dans les choses possibles ; mais
tranquillisez-vous , je ferai tout pour
que l'on éloigne Frédéric avant qu'il
soit votre rival , si toutefois il est
dans les vues de votre père de vous
donner Iseult. — Et pourqnoi s'y
opposerait-il ? On ne peut rien re-
procher à la maison d'Hercourt,
dont la noblesse se perd dans la nuit

des temps , et qui , après s'être illustrée dans sa patrie, est venue se
fixer dans ce pays, où elle s'est fait
naturaliser. D'ailleurs, c'est mon
nom qu'elle prendra. —Mais croyez-
vous de bonne foi être en âge de
vous marier ? Vous venez d'avoir
dix-huit ans. — Eh ! pourquoi re-
tarder un bonheur qui nous quitte
toujours trop tôt? Enfin , M. de
Mendorf, voulez-vous seconder mes
vœux ? — Je suis prêt , mon jeune
ami, à vous servir de tout mon pouvoir ; mais laissez-vous diriger, et ne
perdez pas, par des aveux trop pré-
cipités , la portion de bonheur qu'un
destin aveugle nous dispense (1).
Rien n'était si opiniâtre que Ré-

_____

(1) C'est un scélérat qui parle,

mond; mais il sentait le besoin qu'il avait de Mendorf. Il lui promettait de faire éloigner Frédéric; ne devait-il pas le ménager? Il ploya donc son humeur altière, et convint qu'il ne ferait aucune démarche sans son avis.

Dès qu'ils se furent séparés, Mendorf alla rendre compte à Pétronille de la conversation qu'il avait eue avec son fils. Je serais bien fâchée, dit-elle, que Rémond bornât sa fortune en épousant la fille d'un simple gentilhomme; mais comme il faut bien qu'il occupe les années orageuses de la première jeunesse, laissons-le aimer Iseult; je trouverai bien toujours le moyen d'arrêter cette passion; et n'était-ce pas ainsi que son père et moi nous nous aimions? Le vieux comte me força à épouser Damster; il en serait de même. Je vous jure si Ulric voyait à son fils le désir d'épouser Iseult, il trouverait bien le moyen de rompre ces nœuds. Mendorf comprit qu'il allait y avoir une guerre intestine dans le château de Mittersbach. Son génie infernal s'en réjouit, et il se promit bien d'embrouiller tellement toute chose, que tous ceux qui l'habitaient eussent incessamment besoin de lui.

Deux jours s'étaient passés sans que Rémond, l'impatient Rémond, eût eu aucune réponse; il cherchait partout Mendorf, et celui-ci le fuyait avec le même soin. Car n'ayant rien de satisfaisant à lui apprendre, il n'était pas pressé de l'en instruire.

Ayant donc été s'enfoncer dans la partie la plus solitaire du parc , assez près de la cascade dont nous avons parlé , il aperçut Frédéric assis au pied d'un arbre, la tête appuyée dans ses mains , et paraissant plongé dans les plus profondes réflexions. Eh ! mon Dieu, lui dit-il, qui peut, mon cher Frédéric, vous faire rêver aussi sérieusement ? seriez-vous, par hasard, amoureux? — Monsieur Mendorf, ah ! vous ne savez que trop combien il me siérait mal de donner entrée dans mon cœur à un sentiment qui ne peut être partagé. — Et par quelle raison, je vous prie ? N'êtes-vous pas beau, aimable? n'avez-vous pas de l'esprit, de l'instruction?n'êtes-vous pas d'une naissance honnête ? et votre fortune, grâce aux soins de Pétronille, est au-dessus de la médiocrité ; rien ne vous sera aussi facile que de faire un choix, et je parie tout ce que l'on voudra que M. Damster sera écouté. — Non, Monsieur, non, jamais ; je suis l'être le plus infortuné qui puisse exister. Une seule personne dans le monde daigne prendre à moi de l'intérêt, c'est madame la comtesse ; mais bientôt cet intérêt cesserait, je ne serais plus que l'objet de sa colère et de son dédain, si j'osais prononcer devant elle le nom de celle que j'adore, que j'adorerai jusqu'à mon dernier soupir ; car je ne me fais plus d'illusion, c'est bien de l'amour que je ressens ; c'est ainsi qu'Ovide le décrit, ce mal qui nous suit partout, et qui remplit tellement

II.   4

notre âme qu'elle ne peut se passer de ce sentiment. Ah ! monsieur Mendorf, qu'il me fait de mal, car il est sans espérance. — C'est donc d'une étoile dont vous êtes amoureux, car, le fussiez-vous de la reine, il vous resterait toujours l'espoir de l'attendrir. — Eh bien ! moi, monsieur, il ne m'en reste pas. J'en prends à témoin le Ciel. — Vous avez parlé, on a rejeté vos vœux. — Moi, parler ! et d'où aurais-je cette témérité ? Non, si personne ne prend part à ma douleur, si on ne m'aide pas à trouver les moyens de savoir si au moins le plus soumis, le plus respectueux des sentimens n'offenserait pas celle qui l'inspire. — Et où avez-vous pris qu'une femme, fût-elle Pénélope, rejette un encens brûlé sur son

autel, surtout quand le prêtre qui
présente cette offrande a dix-huit
ans et est, par la raison, l'instruction, ce que beaucoup d'hommes ne
sont pas à trente? — Ah ! si je le
croyais, que je serais fortuné; mais
comment m'en assurer ? Si vous
daigniez être mon interprête ; si vous
lui disiez : Il vous aime de l'amour
le plus ardent, mais en même temps
si respectueux, qu'il aimerait mieux
mourir que de vous dire même combien il vous trouve belle. Vous lui
diriez que, sentant la distance qui
existe entre elle et moi, je n'espère
pas la franchir; mais qu'elle daigne
prendre part à ma douleur, qu'elle
me témoigne le regret de ne pouvoir
m'approcher d'elle, qu'elle m'auto-
rise à la nommer la dame de ma

4*

pensée, et je ne demande rien de plus : je partirai pour l'armée, et, animé par le désir de répondre au titre glorieux de son chevalier, j'obtiendrai de brillans succès.—Je vous admire, mon cher Frédéric, et je me crois transporté au siècle des troubadours ; mais comme je suis persuadé que les femmes aiment assez ce genre, je vous peindrais ainsi aux yeux de votre belle, si vous m'aviez dit son nom et le lieu qui renferme ce modèle de perfection. — Quoi ! je ne vous l'ai pas nommée ? — Non, c'est la seule chose que vous ayez omise. — Ah ! j'ai cru que vous ne pouviez vous y tromper ; que peut-on aimer, si ce n'est l'adorable Iseult ? — Ah ciel ! vous avez bien raison de regarder cet

amour comme téméraire. Ne savez-
vous donc pas qu'elle est promise à
Rémond, et qu'on n'attend que la
quinzième année d'Iseult pour les
unir? — Serait-il possible? — Rien
de plus vrai. Je le tiens de la bouche
même de madame Damster, à qui
le comte l'a dit mille fois; et sûrement je ne me hasarderai pas à parler
à Iseult de votre amour; ce serait
manquer à la confiance dont ses parens m'honorent. Je vous engagerai
bien plutôt à renoncer à un sentiment qui ne vous prépare que des
tourmens. — Ah! plutôt mourir que
d'y renoncer. Dites-moi, Monsieur,
savez-vous si le cœur d'Iseult re-
pond aux vœux de ses parens? —
Peut-on lire dans le cœur d'une jeune
fille? Cependant, à force d'obser-

vations, il m'a semblé qu'elle n'avait que peu d'affection pour Rémond, qu'au contraire, ses yeux se portaient sur vous avec une douce bienveillance. — Ah ! si je le croyais, il n'y aurait rien que je ne tentasse pour la délivrer du malheur d'être unie à l'homme qu'elle n'aime pas. — Vous lui rendriez un fort mauvais service. Vous connaissez l'inflexibilité de M. d'Hercourt, il ne changera point, et du moment qu'il a prononcé que sa fille serait mariée à Rémond, c'est un arrêt irrévocable. L'aimable Alexandrine entreprendrait inutilement de le faire changer ; d'ailleurs que vous importe puisque vous ne voulez que l'adorer ? autant vaut mariée que libre. — Ah ! pouvez-vous l'ima-

giner ? Elle serait à un autre qu'à
moi ! A cette seule pensée tout mon
sang bouillonne dans mes veines.
Vous n'avez donc jamais aimé,
si vous imaginez que l'on puisse
tranquillement assister aux noces
de celle qu'on adore. — Non, je n'ai
jamais connu cette fièvre que vous
appelez amour, et qui fait faire tant de
sottises sans qu'il reste souvent le plus
léger souvenir de ses effets et souvent
même de sa cause. Cette passion a
cela de particulier, c'est qu'elle se
détruit par la jouissance, tandis que
toute autre en devient plus forte.
Donnez à l'ambitieux le plus grand
trône du monde, il voudra être sou-
verain de l'univers. L'intempérant
allume sa soif en cherchant à la sa-
tisfaire; l'avare, en accumulant,

ajoute au désir d'accumuler encore,
et l'amant qui croit qu'il n'existe
rien de comparable à l'objet qu'il
aime, ne l'a pas plutôt obtenu, que
tout-à-coup il n'est plus le même.
Sa blancheur est fade, son sourire
une grimace., ses yeux ont perdu
leur éclat. — Ah ! jamais, monsieur
de Mendorf, vous ne pourrez me
persuader que cela soit possible. Qui
pourrait, même en ne l'aimant pas,
ne pas trouver Iseult charmante ?
Qui pourrait ne pas être ébloui de
la blancheur de son teint ? Qui ne
serait pas vaincu par l'éclat de ses
yeux, qui commande tout-à-la-
fois le respect et l'amour ? Ses lèvres
de corail font ressortir la beauté de
l'émail de ses dents, et les amours
folâtrent dans ces niches que la na-

ture a placées sur son charmant visage ; quel cou ! c'est la blancheur de
l'albâtre, la flexibilité du jonc ; sa
taille est noble et aisée : est-il un
pied plus joli, et sa main ne le dis-
pute-t-elle pas à celle de nos plus
belles statues ? et vous voulez que
tous ses charmes s'évanouissent ?
Si j'étais son époux ! Non, c'est
impossible. — Vous le verrez,
mon ami ; on parle du bandeau de
l'Amour ; savez-vous l'usage qu'il
en fait ? — Non. — Il le pose sur
les défauts de celle que l'on désire
d'obtenir. A-t-elle répondu à nos
vœux ? le bandeau change de place
et voile alors les vertus, les grâces
de l'infortunée que bientôt on aban-
donne. — Si je me croyais capable
d'une pareille ingratitude, je sup-

4**

plierais le Ciel de ne jamais permettre
qu'Iseult daignât écouter mes vœux.
Mais non, je ne crois pas que l'amour
dans mon cœur puisse prendre le
caractère d'une semblable ingratitude. Que je sois à jamais abandonné
de Dieu et des hommes , si je deve-
nais capable d'une pareille conduite !
— Vous ne penserez pas toujours
ainsi ; mais, en attendant que votre
propre expérience vous atteste la vérité de ce que je vous dis, je vous
engage, par l'intérêt que je prends
à vous, de renoncer à une chimère ;
jamais Iseult ne sera votre compagne, et vous ferez son malheur et
le vôtre si vous vous opiniâtrez à
vouloir tenter cette conquête , qui
ne serait peut-être que trop facile.
— Quoi ! vous pourriez penser ,

Monsieur, que l'aimable Iseult ne
serait pas insensible à mon amour?
Ah! si cela était; comme je vous
l'ai dit, rien, rien dans la nature ne
pourrait m'empêcher de lui déclarer
celui dont mon cœur est embrasé
pour elle. Qu'importe le rang, la
fortune, il n'existe aucune distance
entre deux êtres qui s'adorent. —
Mais pensez-vous, mon cher Damster, que votre mère ne souffrirait
pas..... — Et comment pourrait-elle
s'y opposer! Irais-je la prendre
pour confidente de mon bonheur?
Qu'Iseult accepte mon hommage,
le reste est indifférent. Qu'ai-je à
démêler avec tout ce qui est ici? ma
mère daigne à peine s'occuper si
j'existe; M. le comte, depuis dix ans,
ne m'a pas adressé la parole dix

fois, et c'est à peine s'il répond lorsque je lui parle. Il n'en est pas ainsi
d'Isidore, ses bontés pour moi sont
infinies ; mais sa puissance est tellement bornée, qu'elle ne peut que
faire des vœux pour mon bonheur.
M. et Mme d'Hercourt me font partager la haîne qu'ils ont contre ma
mère. Il n'est donc que vous, M. de
Mendorf, qui voulez me faire du bien,
et le pouvez, daignez donc prendre
en pitié les tourmens que j'endure ;
interrogez Iseult : si elle m'aime,
je saurai l'obtenir ; si elle ne m'aime
pas, je pars. Je vais en France
chercher, parmi les partis qui déchirent ce beau pays, non la gloire,
mais la mort. — C'est avec une extrême répugnance, mon cher Frédéric, que je me charge de ce que

vous désiréz, et qui, je vous le répète, vous rendra le plus malheureux des hommes. Mais vous le
voulez, je chercherai à m'instruire
des secrets sentimens d'Iseult, et
vous les saurez. Pensez aussi que ce
ne peut être qu'avec des précautions
infinies, ce qui demande beaucoup
de temps. Ainsi modérez votre inquiète curiosité, et évitez, d'ici là,
de me parler, pour ne point éveiller
les soupçons : je vous avertirai quand
j'aurai quelque chose à vous apprendre.

Frédéric crut Mendorf de bonne
foi ; et, pénétré de reconnaissance,
il promit de se conduire en tout par
ses conseils ; il l'appela son second
père, et lui prodigua toutes les ten-
dresses d'un fils. Mendorf reçut ces

effusions du cœur le plus sensible avec l'apparence d'un véritable attachement. Persuadé que la contrariété enflamme le désir, il pressa encore le jeune homme de renoncer à ses projets, ce qu'il ne put obtenir; et, au contraire, Frédéric lui fit promettre de parler dès le soir même à Iseult, puis ils se séparèrent; Frédéric, pour se retirer dans sa chambre et y repasser dans son esprit toutes les grâces de la charmante Iseult; Mendorf, pour aller se moquer tout à son aise du fils de la comtesse avec son ennemie, l'intrigante Pétronille.

Mme Damster n'apprit pas sans une vive inquiétude le sentiment de Frédéric pour mademoiselle d'Hercourt. L'amour maternel ne l'aveu-

glait pas ; elle voyait parfaitement
que Frédéric était bien plus aimable que son frère, et elle ne doutait
pas qu'Iseult ne l'aimât infiniment
davantage. Alors elle prévoyait
tous les malheurs que cette rivalité
allait entraîner ; elle n'eût pas dési-
rée, il est vrai, que Rémond eût
épousé mademoiselle d'Hercourt,
s'il n'eût pas été éperduement amoureux de la fille du baron ; d'ailleurs,
elle craignait l'humeur violente de
son fils, et elle ne doutait pas qu'il
ne cherchât à éteindre la passion
de Frédéric dans son sang : celui-ci
était brave ; il s'était éxercé dès son
enfance au métier des armes, et
elle avait tout à craindre pour les
jours de Rémond, s'il était assez
téméraire pour attaquer Frédéric.

Elle se détermina donc à obtenir du comte de faire partir ce rival dangereux pour la Hongrie, où l'empereur Rodolphe, en guerre contre les Turcs, assemblait une nombreuse armée. Mendorf ne put s'empêcher de convenir que c'était le parti le plus prudent, et ne s'occupa en aucune sorte de remplir la promesse qu'il avait faite à Frédéric.

Pétronille, cependant, suivait son projet; elle alla chercher Ulric au pavillon de la cascade où il était presque toujours. Au moment où elle entra, elle le trouva plongé dans une profonde rêverie, et il parut étonné de la voir. Mon approche, lui dit-elle, vous cause un sentiment d'effroi. Il fut un temps, et cette retraite pourrait vous le rappe-

ler, que ce n'était pas l'impression
que vous éprouviez quand je venais
ici braver l'œil de la jalousie. — Eh !
mon Dieu ! Pétronille, est-ce pour
me quereller, que vous venez me
chercher dans ce lieu, où je tâche d'é-
chapper aux peines qui me dévorent?
— Et qui peut donc vous rendre si
malheureux ? — Vous le savez, Madame, il est inutile de rappeler des
évènemens qu'il n'est plus en notre
pouvoir de changer; mais si vous
me demandez d'où a pu venir le
mouvement de surprise qui m'est
échappé quand vous êtes entrée,
et que vous me reprochez, je vous
dirai qu'étant venu dans ce pavillon, après avoir fait une très-
longue promenade dans la forêt,
fatigué et de corps et d'esprit,

car j'avais rappelé mille circons-
tances douloureuses de ma vie, je
me jetai sur ce lit de repos, où le
sommeil ferma bientôt mes yeux;
un songe vint retracer à ma mé-
moire un fait dont je me souvenais
à peine, que vous avez ignoré et
dont je puis vous parler à présent,
qu'il n'existe plus entre nous qu'une
sincère amitié; ce sentiment ne peut
connaître la jalousie.

Pétronille brûlait du désir de
savoir ce qu'on lui avait caché si
long-temps; elle jura qu'Ulric avait
bien raison, qu'elle ne voulait plus
connaître les passions tumultueuses,
et qu'elle avait renoncé pour toujours à l'amour et à la jalousie; et,
s'asseyant auprès du comte, elle le
pressa de lui apprendre ce que ce

songe lui avait rappelé; et alors il lui raconta dans le plus grand détail la scène que nous avons tracée, qui s'était passée dans le pavillon, avec les deux belles paysannes. Pétronille l'écoutait la rage dans le cœur, car un pressentiment douloureux lui disait que ce serait de cette rencontre que viendrait la ruine de ses projets. Cette pensée acquit plus de force encore lorsque le comte ajouta :

A peine mes yeux étaient-ils fermés que je crus, non être seul dans ce pavillon, mais que je m'y étais rendu avec le baron d'Hercourt, pour y trouver nos deux belles villageoises. J'étais aussi bien traité par celle à qui j'offrais mes hommages, que je l'avais été dans la

réalité. Il y a justement dix-neuf
ans aujourd'hui ; mais ce qui est extraordinaire, c'est que mille choses
qui m'étaient échappées, me reve-
naient dans ce moment à l'esprit.
Cette inconnue avait infiniment de
rapport avec une certaine Rosa que
j'avais aimée lors de mon voyage
d'Italie, et, s'il faut vous le dire, par
cela même beaucoup avec la comtesse, car ce fut la ressemblance
de mademoiselle d'Elkensfeld avec
la belle Romaine qui me détermina
à l'épouser. — Ingrat ! j'étais donc
sacrifiée à cette Rosa ? — Il y a si
long-temps de cela, ma chère Pétronille, qu'en vérité vous auriez
tort de vous en fâcher, et ma cons-
tante amitié, le soin de vous plaire
depuis tant d'années, ont bien dû

vous dédommager d'une fantaisie; qui fut aussi passagère pour la comtesse que pour l'Italienne. Mais je vois que vous n'avez pas encore renoncé aux susceptibilités de l'amour-propre, que vous prenez pour celle du sentiment; ainsi je ne dois pas continuer un récit qui troublerait votre tranquillité. — Non, mon cher Ulric, je dois, comme vous le dites, être si assurée de votre attachement, que je ne puis pas me plaindre, si dans l'âge des passions vous m'avez été infidèle. Continuez, je vous prie, ce que vous avez commencé, je vous écoute avec le plus vif intérêt. Et Ulric reprit: — Je m'enivrais des charmes de ma nouvelle conquête, quand tout-à-coup les portes s'ouvrent avec

fracas; je vois entrer Damster en-
veloppé d'un linceul sanglant, les
ombres de la mort couvraient son
front, son regard était sombre et
menaçant; il approche de l'inconnue, et, levant le voile qui me dé-
robait ses charmes, et que je n'avais
pu obtenir qu'elle écartât; je vois
que c'est la comtesse à qui j'avais
dû ces momens délicieux, que je
croyais l'effet des charmes de l'é-
trangère. Vois, me dit-il, ce qu'a
pu faire pour toi la plus belle et la
plus vertueuse des femmes, et ose
rejeter de tes bras l'enfant qui naîtra
de cette rencontre qu'elle n'a mé-
nagée que pour obtenir par surprise
ce que tu lui refuses, pour le porter
aux pieds d'une indigne rivale.— On
voit que même en songe un époux

est toujours galant ; je reconnais
bien là Damster. — Tremble des
remords qu'elle t'a préparés et vois
mon sang que la jalouse fureur t'a
fait répandre, crier vengeance. Effrayé, je veux me jeter aux genoux
d'Isidore; mais , ô comble de douleur ! je ne trouve plus que des dépouilles insensibles. Pénétré de la
plus profonde affliction , j'allais la
suivre au tombeau quand je me suis
réveillé. Mais, n'eussiez-vous m'ac-
cuser d'une faiblesse superstitieuse,
j'ai cru, quelques instans, que ce
songe était un avertissement céleste,
qu'il serait possible effectivement
que c'eût été la comtesse qui fût
venue dans ce pavillon. — Il n'y a
aucun doute, un songe vous l'apprend ; et qui ne sait que les songes

sont les interprètes fidèles des vo-
lontés du Ciel ? que l'on y trouve
le passé, l'avenir, et que jamais
leur langage n'a été faux, ni trom-
peur ? Oui, c'est la comtesse qui
était la sœur de la fille du fermier ;
l'enfant dont elle est accouchée
neuf mois après, ne peut être qu'à
vous. Vous l'avez reconnue dans
votre songe ; Damster est sorti exprès du tombeau pour lever le voile
qui vous l'a cachée, dans le véritable rendez-vous ; mais au moins,
j'aurais voulu que vous eussiez demandé à ce Damster, qui parlait
en véritable oracle, ce qu'il faisait
dans la chambre de la comtesse, la
nuit même que vous aviez passée
dans le pavillon. Vous ne pensez à
rien, vous l'avez laissé retourner

dans sa tombe, sans tirer à clair ce
fait, et il ne viendra pas à présent
quand nous le voudrons ; car ces
morts sont pleins de fantaisies. Ils
viennent quand on ne les attend
pas, et puis, vous avez beau les appeler, ils sont sourds à vos cris. —
Vous en parlez fort à votre aise,
Pétronille ; vous n'avez pas vu
comme moi sa figure pâle et hâve ;
vous n'avez pas vu le sang sortant
à gros bouillons de sa plaie ; mais
surtout vous n'avez pas vu Isidore
encore belle ; car, il faut en convenir,
il semble que le temps respecte sa
beauté ; vous ne l'avez pas vue
froide, insensible, morte enfin, et
morte de douleur. — Vous me de-
mandiez tout à l'heure, monsieur
le comte, si je venais ici pour vous

II.   5

quereller ; je pourrais vous dire
aussi, si c'est pour entendre l'éloge
pompeux de la comtesse que j'y
suis venue. Si votre intention est,
d'après un songe, d'ôter à mon fils
et le vôtre son état, pour le rendre
au fils de Damster, quant à moi
je vous déclare qu'il viendrait ici,
dans ce moment, me dire que l'enfant de la comtesse n'est point à lui,
je me rirais de sa prétendue révélation, et je...... A ce moment un
orage affreux éclate, la foudre
gronde, les éclairs traversent l'es-
pace, les arbres de la forêt se heur-
tent et se brisent. Il semble que la
nature soit émue par un grand évènement; Ulric ne doute point que
l'âme de Damster va lui apparaître.
Pétronille elle-même n'achève pas

la phrase commencée, elle se jette
dans les bras d'Ulric pour se mettre
à l'abri des maux qu'elle redoute.
Le comte la repousse avec effroi.
Ils restent dans un morne silence.

Cependant le jour reparaît, les
vents se calment, le ciel redevient
serein, et le comte et Pétronille,
honteux de la frayeur que l'orage
leur avait causée, éloignent d'eux
les idées sinistres qui avaient ébranlé
leur courage. Pétronille se moque
de la crainte qu'elle avait eue de revoir le défunt quitter tout exprès le
séjour de la mort afin de rendre hommage à la rare vertu de la comtesse.
Elle profite de l'embarras où était le
comte de s'être montré aux yeux
de sa maîtresse un homme supers-
titieux et crédule. Pour obtenir ce

5*

qu'elle voulait, elle lui apprit à son tour les inquiétudes que lui causaient les amours des deux frères, et lui proposa de faire partir Frédéric pour la Hongrie, si toutefois, ajouta-t-elle avec un sourire ironique, vous ne voulez pas déclarer le changement que nous avons cru juste, mais qui devient criminel, si nous en croyons l'âme de Damster.... — Ah! ne parlons plus, mon amie, de cette folie. Je ne sais, en vérité, ce que ce songe m'avait fait éprouver; je ris de ma faiblesse, j'en rougirais même, si ce n'était pas la plus sincère amie qui eût été témoin de mon trouble, et à qui je prouverai que je sais réparer un instant d'erreur par une conduite digne d'elle et de moi. Oui, mon amie, je ne

puis douter que nous n'ayons fait
qu'une chose juste en donnant à nôtre
enfant la place qu'il devait plutôt
occuper qu'un étranger. Je pense
comme vous, ma chère Pétronille,
sur le danger que ces amours peu-
vent causer; je vais faire préparer
les équipages de Frédéric, et d'ici à
quinze jours il prendra le chemin
de Presbourg. Mais, comme cet
instant sera favorable pour lui faire
des dons, sans que l'on puisse rien
soupçonner de notre secret, je lui
assurerai la propriété de Buosen
dont vous avez la jouissance, une
pension de mille ducats, et je ferai
mettre dans ses valises, en or, en
bijoux et en argenterie, environ
cent mille florins. Cette fortune,
sans être brillante, le mettra pour

jamais au-dessus du besoin ; c'est une bien faible restitution des biens immenses de sa mère. — Pensez que dans cette position, reprit Mme Damster, c'est encore beaucoup ; car il n'eût tenu qu'à vous de convaincre Mme de Zizermann d'infidélité, et alors elle aurait perdu la totalité de sa dot, et elle eût été enfermée pour le reste de ses jours, et son fils conduit dans les asiles où on élève les fruits de la misère et du vice. Voyez donc tout ce que vous faites pour cet enfant, non que je le désapprouve, il est fils de M. Damster, et, malgré les chagrins que son père m'a causés, je ne vois pas sans plaisir que sa race prospérera, et, puisqu'il faut bien qu'il passe pour mon fils, encore vaut-il mieux que je le voie

dans une honnête aisance que dans
la pauvreté. Tout fut donc convenu
et on décida du sort du fils légitime,
de l'héritier des plus grands fiefs de
l'empire, comme on eût pu faire
d'un enfant que l'on aurait recueilli
par pitié. On ne daigna pas l'instruire de ce que l'on préparait pour
lui; on n'en parla pas même à celle
que l'instinct de la nature rendait
sa protectrice, et tout était prêt pour
son départ avant que l'on en eût la
moindre idée dans le château.

Cependant Mendorf, qui s'en-
nuyait de son inutilité, voulait son-
der les dispositions du cœur d'Iseult
pour les fils d'Ulric, et il crut qu'une
confidence à la jeune personne sur le
départ de Frédéric lui servirait parfaitement pour savoir à quel point

il lui était cher. La familiarité qu'on lui permettait dans cette maison, dont il avait vu naître les enfans, bannissait toute réserve entre lui et mademoiselle d'Hercourt, qui le regardait comme l'ami de son père. Elle ne faisait donc aucune difficulté de se trouver avec lui, et peut-être avait-elle aussi quelque désir de savoir ce que signifiaient ces préparatifs de départ, dont on parlait dans le château, sans que l'on sût, comme je l'ai dit, à qui ils étaient destinés. Elle désirait bien sincèrement qu'ils le fussent pour Rémond, dont les assiduités lui étaient importunes, et ne craignait que faiblement qu'on les destinât à Frédéric; car il n'était question que de la beauté des chevaux, du nombre des mulets, de la

richesse des armures, de la bonté
des armes : tout cela paraissait trop
brillant pour celui qu'elle croyait,
comme tous les autres, le fils de
Damster et de Pétronille. Mais que
lui faisait qu'il partît ou non ? Et
n'avez-vous pas entendu dire à Mendorf que les regards d'Iseult ne se
portaient jamais sur Frédéric qu'a-
vec une extrême douceur ? qu'elle
ignorait la préférence que son cœur
lui accordait, mais que cette préférence n'en était pas moins certaine?

Un jour donc qu'elle était avec sa
mère, la comtesse de Zizermann et
M. de Mendorf, dans la galerie, elle
vit que les deux cousines parlaient
bas et avec beaucoup d'action. Elle
jugea qu'elles traitaient un objet important et dont elles ne voulaient pas

5**

l'instruire. La discrétion l'engagea
à s'éloigner, et elle se mit à courir
à l'autre bout de la galerie, défiant
Mendorf, qui était assez replet, de
la suivre ; et cependant elle ne cou-
rait pas assez vîte pour qu'il n'eût
pas la possibilité de la joindre, et,
quand ils furent arrivés au fond de
la pièce, elle s'assit et dit à M. de
Mendorf: Causons; ma mère et ma
cousine causent bien ; pourquoi ne
causerions-nous pas? Mais, dit le
rusé vieillard, que dirons-nous? par-
lerons-nous de Zirphée, c'était la
chienne d'Iseult, ou bien d'Azo-
lin, c'était son chien ? — Croyez-
vous que je ne puisse parler que de
ces petits animaux? — Eh bien ! de
vos fleurs. — Vous n'en êtes pas
digne; vous traversez un parterre

comme un champ de blé. Ah ! ce
n'est pas ainsi que fait Frédéric ; si
vous voyiez avec quelle admiration
il considère une jacinthe ou une tu-
lipe ! quel soin il a d'arracher un
brin d'herbe ! comme il les arrose
avec précaution ! Ah ! c'est là un véritable amateur ! Mais vous , monsieur Mendorf, vous n'y connaissez
rien. — Tout le monde n'a pas le
mérite de M. Damster, c'est un gar-
çon charmant. — Oh ! oui, il est
beau , aimable, c'est dommage....
— Quoi , dommage ! que voulez-
vous dire ? — Rien. — Mais encore ?
— Rien, vous dis-je. On assurait...
— Qu'assurait-on ? — J'ai peut-être
tort de vous en parler, car on ne le
sait pas encore dans le château , et
moi-même je ne fais que conjec-

turer, et peut-être fort à tort. — Et
enfin ? — C'est que l'on dit que ce
bel équipage que l'on apprête depuis
quinze jours est pour... — Rémond ?
— Non. — Pour qui serait-ce ?
Pour mon père ? Ah ! qui peut l'engager à courir de nouveaux dangers ? N'a-t-il pas assez prouvé sa
valeur dans les dernières guerres ?
Pourquoi aller si loin de ses foyers
exposer une vie aussi chère ? O ma
mère, qu'elle aura de chagrin ! —
Votre père ne part pas. — C'est donc
le comte ? — Encore moins. — Eh
bien !.... Mais cela n'est pas possible. — Qui croyez-vous donc ? —
Je ne sais, mais je vous prie, si vous
en êtes instruit, apprenez-le-moi,
je vous en conjure. — On dit, mais
je ne l'assure point, que c'est Fré-

déric. — Frédéric ! Et une pâleur
mortelle couvrit à l'instant les roses
de son teint. — En êtes-vous bien
sûr , monsieur de Mendorf ? —
On me l'a dit. — Et le sait il ? —
Non, pas encore. — Il en sera bien
aise; il ne respire que la guerre et la
gloire; il s'embarrassera peu du chagrin , de l'inquiétude de ses amis.
— Qui vous le dit ? — Parce que
j'en suis bien certaine. Il ne parle
jamais que de faire ses premières
armes, et il m'a demandé, il y a
quelque temps , la permission de
prendre mes couleurs; il disait que
cela lui porterait bonheur, et qu'à
la première bataille il ferait de si
belles actions, qu'il serait armé chevalier. — Il est encore bien jeune.
Et le lui avez-vous permis ? — Sû-

rement; pourquoi ne le lui aurais-je pas accordé? est-ce donc une si grande chose? Si cela doit lui être utile, pourquoi le lui refuserais-je ? — Mais vous ne savez-pas, ma chère Iseult, que c'est la plus rare faveur.... — Eh bien ! j'en suis fort aise, car je l'aime de tout mon cœur. — Et aimez-vous autant Rémond ? — O mon Dieu, non, je le déteste. — C'est malheureux pour lui, car il vous adore. —Moi, je ne peux pas le souffrir; il est hautain, querelleur, dur envers les infortunés, il n'est point franc. Enfin, si vous voulez que je vous dise, je ne comprends pas comment il est fils de M. et de Mme de Zizermann, car il n'a aucune de leurs bonnes qualités. — Il ressemble au comte. — Cela est possible, mais sa méchante âme change ses traits. — Savez-vous, Iseult, que l'on assure que c'est à lui que vous êtes destinée. — Moi ! jamais je ne serai sa femme. — Mais si M. le comte vous obtenait de vos parens. — Il sont trop bons pour me contraindre. — Savez-vous, belle Iseult, qu'il est le plus grand parti de l'Allemagne ? — J'en suis fort aise, il trouvera plus facilement à se marier ; pour moi, je vous le répète, je ne voudrais pas être sa femme, fût-il empereur. — Et en dites-vous autant de Frédéric ? — Ah ! pour Frédéric, je sais bien que nous ne serons jamais mariés ; il n'est pas d'une assez bonne maison, disait mon père, il y a quelque temps, à madame la comtesse qui lui en parlait. Ils ne se doutaient pas que je les entendais. Pour moi , je n'y regarderais pas de si près, et je m'embarrasse peu de leur noblesse chapitrale : mais je suis si jeune encore , que je ne pense guères à me marier. — Oui, mais vous y pensez un peu. — Oh ! bien peu, bien peu. — Et quand vous y pensez , quel est l'heureux mortel à qui vous permettriez de partager votre sort, si cela dépendait de vous ? — Je n'en sais rien. — Déjà dissimulée, ma chère petite, cela n'est pas bien, avec votre bon ami Mendorf, qui vous a vu naître, qui se plaisait à voir vos premiers jeux. Je suis bien sûr que vous avez déjà vingt fois décidé dans votre imagination celui que vous voudriez pour époux, et

je parie que ce serait Frédéric. —
Ah ! jamais, dit-elle, avec un pro-
fond soupir. Mais, monsieur Mendorf, est-il bien vrai qu'il parte ?
— On l'assure. — Et où ira-t-il ? —
En Hongrie. — Se battre contre ces
vilains Turcs qui, s'ils le font pri-
sonnier, le feront esclave ? Ah ! que
j'aurais d'inquiétude... Mme d'Hercourt appela sa fille ; elle alla la
joindre ; et Mendorf, bien assuré
qu'Iseult n'aimait que Frédéric, se
hâta d'en aller instruire madame
Damster.

Que le cœur d'une méchante femme
est fertile en ruses ? Pétronille n'eut
pas plutôt entendu tout ce qu'Iseult
pensait sur le compte des deux frères,
qu'elle résolut d'éloigner pour jamais
de la vallée de Mittersbach son pré-

tendu fils, et de le perdre entièrement dans l'esprit des deux cousines. Mon ami, dit-elle à Mendorf,
il faut tirer parti de l'amour de
ces enfans, pour les désunir à jamais. Il faut que vous persuadiez
à Iseult d'accorder un rendez-vous
à Frédéric avant son départ. Une
fois le jour, l'heure convenus,
vous m'en instruirez; le reste me
regarde. Mais je voudrais que ce
fût au milieu de la nuit, et hors du
château. Nérine, la fille de sa gou-
vernante, l'accompagnera facilement; elle est simple, sans aucune
malice; mademoiselle d'Hercourt
lui persuadera qu'elle peut venir avec
elle sans danger. C'est à vous, Mendorf, à lui faire vouloir sur cela tout
ce qui nous convient. Iseult est un

enfant, Nérine une imbécille, et il
vous sera très-possible de disposer
l'une et l'autre à se prêter à cette
imprudente démarche , dont les
suites , toutefois , n'auraient rien
de dangereux , parce que Nérine
sera en tiers avec eux , et que j'espère bien que l'on arrivera à temps.
Cette idée est merveilleuse, reprit
Mendorf, et je vais, dès cet instant,
tâcher de la mettre à exécution. Mais
je ne vous cache point que je redoute fort la sévérité des principes
de notre faux Frédéric ; il a la loyauté
de nos preux chevaliers : persuadé
qu'il doit tout à M. de Zizermann,
il regardera comme un trait d'ingratitude de chercher à séduire la fille
de son ami , qu'il destine à son fils,
et j'aurai peut-être beaucoup plus de

peine à décider ce jeune homme à
demander le rendez-vous, qu'il n'en
aura à l'obtenir ; car Iseult est si
simple, son cœur est si pur, qu'elle
ne verra aucun mal dans cette démarche; mais enfin , je vous le répète, je ferai de mon mieux ; et il
quitta Mme Damster, qui se repais-
sait déjà de la joie qu'elle aura à
troubler le bonheur de ces pauvres
enfans ; elle les hait en proportion
de leurs grâces et des qualités pré-
cieuses de leurs cœurs.

Quand tout fut prêt pour le départ de Frédéric, M. de Zizermann
invita les seigneurs et les dames des
environs à un très-grand souper,
qui devait être précédé d'une joûte
et suivi d'un bal. La comtesse, qui
n'était pas dans le secret, ne con-

cevait pas ce qui engageait son époux
à donner cette fête ; elle le lui demanda, et n'obtint d'autre réponse,
qu'elle en serait instruite au moment où tout le monde serait réuni ;
qu'il voulait lui donner l'agrément de
la surprise, d'autant plus qu'il pouvait l'assurer que ce serait pour elle
un grand plaisir. Il fallut se conten-
ter de cette réponse, et se préparer
pour paraître avec magnificence à
cette fête , surtout y faire voir
Iseult dans tout son éclat. Mme de
Zizermann la regardait comme sa
fille, et partageait avec Alexandrine
tous les sentimens qu'elle pouvait
avoir pour cette aimable enfant.

Cependant cette fête les inquié-
tait. Aurait-il changé d'idées, disait
la comtesse à son amie, en parlant

de son époux, ou plutôt ne nous
étions-nous pas inutilement flatté
qu'il avait la même volonté que nous
de marier nos enfans? Et peut-être
cette joûte, ce festin magnifique, ce
bal, n'ont-ils d'autre objet que celui
de faire honneur à quelque grand
seigneur qui a une fille à marier.
— Raison de plus pour employer
tous nos soins pour rendre Iseult
éblouissante. D'ailleurs, je suis sûre
que mon fils l'aime, et il ne sera
pas homme à céder si facilement sa
conquête.

Quatre brodeuses furent occupées
jour et nuit à broder la robe d'Iseult;
elle était d'un tissu d'argent trans-
parent, brodée en lames roses, qui
avaient l'éclat du rubis-balais; la jupe
de satin couleur de chair avec une

frange d'argent; la robe était relevée
d'un côté avec un nœud de diamans,
d'où pendaient deux glands pareils;
le corsage d'un satin pareil à la jupe,
sans aucun ornement, pour que rien
ne cachât l'élégance de la taille d'I-
seult et n'en dérobât la souplesse. Son
sein, qui commençait à se former,
devait être couvert d'un réseau d'An-
gleterre avec la fraise pareille; un
bandeau de diamans ceindra ses
beaux cheveux, et sera surmonté
de trois plumes blanches. Iseult doit
avoir les boucles d'oreille de la comtesse, qui sont deux poires d'un seul
brillant, de cent mille florins ehaque.
La fille de l'empereur n'aurait pu
être mise avec plus de goût et de
magnificence. Sa mère et celle qui
la regardait comme sa fille s'étaient

plues à réunir sur elle tout ce qui
pouvait donner l'idée d'une immense
richesse ; et, suivant la pensée de la
comtesse, ne devait-elle pas être en
possession de tous ces trésors, puisqu'elle devait épouser celui qu'Isidore appelait son fils ? Cependant,
au milieu de ces préparatifs, madame d'Hercourt éprouvait un sentiment pénible ; elle était singulièrement flattée de la pensée que sa fille
serait margrave, car on assurait
que l'empereur avait promis à M. de
Zizermann qu'il en accorderait le
titre et les honneurs à son fils, lorsqu'il se marierait. Mais que sont les
grandeurs, les richesses, quand on
ne peut les acquérir qu'en sacri-
fiant le bonheur de sa vie ! Pouvait-
on espérer que celui que l'on croyait

le comte Rémond pût rendre heureuse sa compagne? Loin que l'amour
qu'il avait pour Iseult eût adouci
son caractère, il en paraissait plus
sauvage. Il la regardait avec des
yeux passionnés, il est vrai, mais
qui n'avaient rien de cette douce
sensibilité qui fait le charme du sentiment ; il paraissait prêt à dévorer
tout ce qui l'approchait, et surtout
ceux qu'Iseult affectionnait. Non-
seulement il était jaloux comme un
tigre de son frère, mais même il
haïssait Nérine, parce qu'Iseult
l'aimait ; il n'y avait pas jusqu'à
Zirphée, sa jolie petite chienne,
qu'il détestait ; et, lorsqu'il la voyait
courir au-devant de sa maîtresse, s'il
espérait qu'on ne l'aperçût pas, il
lui jetait des pierres : un jour même

il l'atteignit à la patte, et Zirphée fut boiteuse pendant plusieurs jours. Etait-ce donc un homme de ce caractère qui pouvait faire la félicité de la douce et timide Iseult?

M. d'Hercourt lui-même, qui pouvait être plus touché qu'Alexandrine de la grandeur de sa fille, et qui pensait qu'elle servirait à l'avancement de ses fils, qu'il avait envoyés à la cour de l'Empereur en qualité de pages, ne pouvait voir sans effroi sa chère Iseult l'épouse du faux Rémond. Ils n'osaient pourtant ni l'un ni l'autre contrarier la comtesse, qui n'avait d'autre pensée que celle-là, et qui, sans avoir l'aveuglement de l'amour maternel qu'elle ne pouvait ressentir pour ce jeune homme, se flattait que l'âge

calmerait la violence de son caractère, et que la douceur, la patience
d'Iseult lui ôteraient tout ce qu'il
avait d'âpre et de rude.

Quelquefois elle se disait à elle-
même : S'il avait le cœur de Frédéric,
ses manières nobles et gracieuses,
il ne manquerait rien à mon bonheur; car elle s'était tellement ac-
coutumée à l'indifférence de son
époux, à l'audace de Pétronille,
qu'elle n'avait d'autre chagrin que
le caractère bizarre et atrabilaire de
celui qu'elle appelait son fils; mais
il lui présage de grands malheurs
pour elle et pour sa famille; et combien de fois n'avait-elle pas souhaité
qu'une main invisible chargeât les
âmes de ces jeunes gens, de manière
que celle de Frédéric vînt habiter

6*

le corps de Rémond ! Alors elle eût été la plus heureuse des mères.

Cependant le moment approchait où la fête devait commencer ; déjà plusieurs seigneurs des environs étaient arrivés, et on n'en connaissait pas encore le héros. Mendorf n'attendait que l'instant où il serait nommé, pour dire à Iseult d'accorder à son ami un moment d'entretien. Déjà il avait fait connaître à mademoiselle d'Hercourt les sentimens de Frédéric pour elle, et son cœur en fut profondément ému. Ah ! que n'est-il Rémond, s'écriait-elle ! comme je le chérirais ! avec quelle satisfaction j'obéirais à mon père, s'il m'ordonnait de le choisir pour époux ! — Eh quoi ! lui disait Mendorf, serait-ce les grands biens de Rémond que vous regretteriez ? car, à cela près, Damster serait un parti avantageux. Je sais à n'en pouvoir douter qu'Ulric lui donnera Buosen. Sa famille, sans être illustrée, est ancienne ; il y a eu un Damster du temps de Rodolphe d'Habsbourg, et il fera son chemin, surtout s'il était assez heureux de vous appartenir. — Mon père n'y consentira pas ; il hait Pétronille.— Si vous aviez assez de courage pour donner à Frédéric une preuve irrécusable d'amour, vous seriez bien certaine de l'épouser. Mais le temps n'est pas encore venu, vous êtes trop jeune ; et il n'en dit pas davantage.

La curiosité d'Iseult était extrêmement piquée par ce que lui avait dit Mendorf. Quelle preuve d'amour

devait-elle donner à Frédéric pour
que ses parens l'accordassent à ses
vœux? elle en parla à Nérine, qui
comprit encore moins qu'elle ce
que Mendorf avait voulu lui dire,
et elle l'engagea à reparler à ce per-
fide ami; mais toute la maison
était tellement occupée pour les préparatifs de la fête, qu'elle ne put
joindre celui qui trame sa perte et
celle de Frédéric. Il fallut attendre
le moment du bal, où la confusion
inséparable du grand nombre lui
donnerait toute facilité de l'entretenir.

Le jour tant désiré arriva. Les
cors de chasse l'annoncèrent par
une aubade que les échos de la forêt
répétèrent au loin. Les cours du
château étaient remplies de che-

vaux, de litières, et on voyait arriver de toute part la noblesse de la province.

Iseult, réveillée dès le matin par l'inquiétude et le plaisir, car elle aimait passionnément la danse, se mit de bonne heure à sa toilette, et ne put s'empêcher, lorsqu'elle fut achevée, de jeter un coup-d'œil de complaisance sur la glace qui réfléchissait son image. Il est vrai qu'elle était belle à ravir, et sa parure était si brillante qu'elle devait effacer celle de toutes les autres dames.

Mendorf et Pétronille avaient été chargés par le comte de faire placer, dans la galerie du sud qui était immense, toutes les dames et leurs chevaliers. Quand ils furent tous assis sur des banquettes que l'on

avait placées pour les recevoir, les
portes du fond de la galerie s'ouvrent et l'on voit entrer la comtesse,
la baronne et Iseult qui fut placée
sur une estrade plus élevée que les
autres banquettes. Un moment après
entrèrent par l'autre extrémité de la
galerie le comte de Zizermann, le
baron d'Hercourt, Rémond et Frédéric; celui-ci était revêtu d'une ar-
mure d'acier poli, damasquiné en
or; sa cotte d'armes était ponceau à
franges d'or; son casque était surmonté d'un panache de même couleur, attaché avec une rose de brillant d'un grand éclat; son épée était
d'or; sa visière était levée, et à sa
bonne mine seule on eût pu le reconnaître.

Quand Iseult le vit entrer dans

cet attirail de guerre, elle frémit. Il
est donc vrai, dit-elle, que ces préparatifs, qui se sont faits avec tant
de mystère, sont pour lui! c'est lui
qui va partir, et Rémond, l'insupportable Rémond va rester pour mon
tourment! Mais, écartant un instant
ces tristes pensées, elle fixa l'ami
de son enfance : comme elle le trouva
beau ! car cette parure guerrière
ajoutait aux grâces de sa personne :
il n'y avait pas jusqu'à la magnificence de ses armes qui semblait le
replacer au rang de ses ancêtres,
dont la plus noire injustice l'avait
fait descendre. Si Iseult n'eût pas
aimé le fils d'Isidore, ce moment
eût décidé du sort de sa vie. Mais
s'il charma mademoiselle d'Hercourt, elle ne fit pas moins d'im-

6**

pression sur son cœur; il ne l'avait jamais vue, jusqu'à ce jour, que vêtue d'une simple robe de mousseline, qu'une ceinture ponceau fixait sur sa jolie taille; ses beaux cheveux tombant en boucles sur ses épaules lorsqu'ils n'étaient pas enfermés sous un grand chapeau de paille qui la garantissait des ardeurs du soleil; et s'il la trouvait charmante dans cette modeste parure, qu'on juge ce qu'il dut sentir en la voyant mise avec autant de goût que de magnificence! Il fut au moment de se précipiter à ses pieds, et de lui jurer devant cette auguste assemblée de vivre et de mourir pour elle; mais le comte, élevant la voix, commença un discours en ces termes, qui attira toute l'attention de Fré-

déric et de tout ce qui était réuni
dans la galerie :

« Messieurs, dit-il, et vous Mes-
dames, qui venez embellir cette fête,
daignez permettre, avant que les
joûtes commencent, que je vous présente le baron de Buosen dans la
personne de Frédéric Damster, pour
qui j'ai obtenu de l'Empereur ce titre
et toutes les prérogatives. » Frédéric
se jeta aux genoux du comte, qui
l'embrassa tendrement, et ajouta :
« Je vous donne, mon cher fils, car
je puis nommer ainsi celui que j'ai
élevé depuis sa naissance, cinq mille
florins de revenu, n'ayant que la
propriété de Buosen , dont votre
mère gardera toute sa vie la jouissance ; plus, vous trouverez dans
vos valises de quoi faire commodé-

ment la guerre. Vos équipages sont prêts ; et ils eussent été destinés à Rémond, qu'ils n'eussent pas été choisis avec plus de soin. J'ai obtenu pour vous un grade dans les troupes que l'Empereur assemble à Presbourg. Dès demain vous prendrez la route qui vous conduira sur les bords du Danube, où j'espère que vous ne tarderez pas à vous distinguer. » — « Je mettrai toujours, M. le comte, ma gloire à me rendre digne des bontés dont votre altesse daigne m'honorer. » — « Allez, M. le baron, saluer ces dames. »

Il traversa le cercle en saluant à droite et à gauche avec une noblesse et une grâce qui ravirent les plus sages. Arrivé aux pieds de l'estrade, il mit un genou en terre, et balbutia

quelques mots, car son trouble était
extrême. La comtesse le releva en
l'appelant aussi son fils : elle et mademoiselle d'Hercourt lui donnèrent
leurs mains à baiser. Avec quelle
timide ardeur ses lèvres touchèrent
la peau blanche et douce d'Iseult !
Il eût voulu que toute son âme s'ex-
halât dans cette innocente caresse ;
il vint ensuite rejoindre le comte,
qui lui dit : « Allez attendre ceux de
ces braves chevaliers qui voudront
rompre une lance avec vous, ou
courir la bague. » Aussitôt tous les
gentilshommes qui se trouvaient là
sortirent pour se revêtir de leurs
armes. On avait préparé sur une
grande pelouse, qui était sous les
fenêtres de la galerie, une lice, où
bientôt vint s'exercer toute cette noble

jeunesse que la beauté d'Iseult en-
flammait d'amour et de gloire. Le
seul fils de Pétronille , livré à la
plus sombre jalousie, était au désespoir des témoignages de bontés que
son père avait donnés au baron de
Buosen : c'est ainsi désormais que
nous nommerons le fils d'Isidore.
Il ne voulait point joûter contre lui;
et, sans tout ce que sa mère et Mendorf lui dirent , il se serait retiré
dans son appartement , et n'aurait
pas reparu à la fête ; mais il n'y
resta que pour témoigner tant d'humeur et tant d'envie , qu'il eût peut-
être autant valu qu'il n'y parût pas.
Le comte, malgré sa prévention pour
ce jeune homme , ne put s'empêcher
de s'en plaindre à Pétronille , qui
ne put disculper son fils qu'en disant

que l'excès de son amour pour Iseult
le rendait inquiet dans la crainte de
n'en être pas aimé ; et que de-là venait la profonde tristesse qu'il n'é-
tait pas maître de cacher. Le baron
de Buosen, au contraire, jouissait
avec transport des bontés de son
bienfaiteur, et s'empressa de les
justifier dans ces simulacres de
combats, en y déployant toute l'a-
dresse, le courage, la légèreté, la
souplesse imaginables : aussi rem-
porta-t-il tous les prix, dont le
plus précieux pour lui fut un ruban
d'Iseult, qu'il plaça sur son cœur,
malgré la rage de Rémond, qui,
s'il eût osé, le lui aurait arraché.

La joûte finie, on reprit les ha-
bits de fête. Celui du jeune baron
était aussi magnifique qu'élégant,

et il parut avec un nouvel avantage.
La salle du festin était préparée. Le
comte le plaça à sa droite; il se trouva
en face d'Iseult, et leurs regards, en
se rencontrant, faisaient passer dans
leurs âmes une félicité si grande
qu'ils oubliaient qu'avant vingt-
quatre heures ils seraient séparés,
et pendant de longues années.

Le repas, qui était à quatre ser-
vices, dont le dernier fut tout en
vermeil, dura plus de quatre heures.
Les jeunes gens, qui brûlaient de
voir commencer le bal, le trouvèrent
long. Enfin on sortit de table, et le
baron de Buosen dansa le premier
passe-pied avec mademoiselle d'Hercourt. Quels momens délicieux pour
ces jeunes gens ! Ils oubliaient tout
ce qui les entourait; ils furent tout

prêts de trahir leurs secrets, tant
l'abandon de leurs âmes était complet.

Quand la danse fut finie, on les
couvrit d'applaudissemens, et c'était
plutôt le rare assemblage de tant de
perfections dans deux êtres de sexe
différend qui charmait, que la régularité des pas, l'exactitude de la me-
sure. Ulric les voyant si dignes l'un
de l'autre, ne put s'empêcher de
dire à Pétronille, auprès de laquelle,
au mépris de toutes convenances, il
était venu se placer : Avouez, ma
chère, que, malgré tous les dons que
j'accumule sur la tête du baron, je
ne puis le dédommager du trésor
que je lui enlève en l'ayant placé
dans un rang où, malgré mes bienfaits, il ne peut prétendre à la main

d'Iseult. C'est encore un reproche
que je ne peux m'empêcher de me
faire, car je n'avais pas le droit
de lui ôter son état, il eût épousé
Iseult, eût été heureux, elle l'eût
été aussi; et à présent leur amour
fera leur malheur. Pétronille leva
les épaules, quitta la place où elle
était, et alla s'asseoir auprès de
Mendorf.

Le comte, toujours mécontent de
lui-même et des autres, s'était retiré dans un cabinet qui était pra-
tiqué dans l'épaisseur des murs. Là
il se livra à toutes les anxiétés qui
le fatiguaient depuis tant d'années,
et qui étaient devenues plus poi-
gnantes encore depuis le songe du
pavillon; Mendorf vint l'y trouver.

Pétronille avait grand soin de

l'envoyer à Ulric toutes les fois
qu'elle le voyait prêt à revenir sur
ses pas. L'astucieux vieillard trouva
bientôt, dans son génie, le moyen de
conjurer cet orage. Il prétendit que
le baron de Buosen, en prenant des
années, avait les manières de Damster, même jusqu'au son de voix. Rien
n'était aussi faux. Mais le comte,
qui était las de disputer sur un fait
qu'il ne croyait plus en son pouvoir
de changer, se taisait ou parlait
d'autre chose. Enfin Mendorf le ra-
mena dans la galerie, assez calme
en apparence. Il n'en était pas de
même de Rémond; il ne pouvait se
dissimuler la préférence marquée
que tout ce qui était au bal donnait
sur lui au jeune baron. Il en écu-
mait de rage et cherchait querelle à

tout ce qui ouvrait la bouche pour
louer soit Iseult, soit M. de Buosen.
Il fut surtout de la plus violente colère contre Ernest de Blankenstein,
fils du premier chambellan de l'empereur, qui lui dit, avec la franchise
de sa nation : Convenez qu'il est
impossible d'être plus belle qu'Iseult,
et que cependant M. de Buosen est
beau auprès d'elle. Il semble qu'ils se
prêtent mutuellement des charmes,
et lorsqu'ils seront unis, si le Ciel
leur donne des enfans, ce seront des
créatures célestes... — Et qui vous
dit qu'ils le seront? — Mais cette
fête où ils sont parés avec préten-
tion, annonce assez ce que l'on veut
qu'ils soient l'un à l'autre. Ce bal
qu'ils ont ouvert, tout cela ne serait
pas si on ne devait pas les marier.

— Vous en avez menti, dit Rémond avec une insolence extrême. Ernest, qui n'était pas fait pour supporter une injure, prend Rémond à la gorge, l'entraîne hors de la galerie, et, saisissant les sabres des gardes qui étaient aux portes, il lui en donne un, et lui dit de le suivre.

Rémond, furieux, ne veut pas différer d'un instant sa vengeance. Il se précipite sur Ernest, et c'eût été fait de ses jours si M. de Buosen ne fût pas sorti de la galerie au même moment. Il s'élance sur le fils de Pétronille, lui arrache son sabre et rend la vie à Blankenstein, dont le sang commençait à couler. Frédéric s'empresse à l'étancher et bande sa plaie, qui n'avait rien de dangereux. Rémond rentra dans la galerie ;

ses cheveux sont en désordre; son écharpe est tachée de sang; Iseult le voit et ne doute point qu'il vient de se battre avec l'ami de son cœur, et que celui-ci a succombé sous les coups de son rival, et elle perd aussitôt le mouvement et le sentiment. On s'empresse à la rappeler à la vie, et le premier objet qui frappe ses regards, c'est Buosen qui venait de rentrer dans le bal, et qui, voyant sa bien-aimée évanouie, s'était hâté de se rendre auprès d'elle. Iseult, l'apercevant, lui dit, avec une expression qui ne put échapper à ses parens, et qui fut remarquée de ceux qui l'environnaient: Ah! cher Frédéric, c'est vous. Quelle frayeur j'ai eue. Elle s'aperçut de l'inconséquence qu'elle venait de commettre,

et elle cacha son visage, que la pu-
deur avait coloré du plus vif incar-
nat, dans le sein de sa mère : mais
ces fatales paroles avaient été en-
tendues de Rémond. Il en frémit de
rage et jura de se venger.

Cependant M. le comte de Blankenstein n'était point rentré dans
l'assemblée, et il avait dit au baron
de Buosen qu'il ne regardait point
cette affaire comme finie, qu'il allait retourner chez lui pour s'y faire
panser, et qu'aussitôt qu'il serait entièrement rétabli il viendrait demander raison au comte de Zizermann
de son odieuse conduite à son égard;
et, détachant un fort beau bracelet
de rubis qu'il avait au bras, il l'attacha à celui du baron, en le priant
de le garder comme un témoignage

de sa reconnaissance, et que, dans quelque position qu'il se trouvât, en lui envoyant ce bracelet, il volerait à son secours, le nommant, pour la vie, son frère d'armes. Buosen fit avancer une litière, y plaça son nouvel ami, et lui dit qu'il espérait qu'ils se trouveraient sous les murs de Belgrade.

Ce fut à cet instant qu'il rentra dans la galerie, et que se passa ce que j'ai rapporté plus haut. Cependant l'évènement qui en était cause n'était plus un secret. Tout le monde rendit hommage à la valeur et à l'adresse du jeune baron, et on ne cessait de dire que, sans lui, le fils du chambellan serait tombé sous les coups du fils de Pétronille, qui, désespéré de se voir l'objet de la haîne

générale, maudissait le jour, et re-
prochait à la comtesse, qu'il croyait
sa mère, de ne l'avoir pas étouffé au
moment de sa naissance.

Isidore employa cette douce élo-
quence qu'elle avait reçue de la nature, et dont elle faisait usage depuis que les années lui avaient ôté
cette extrême timidité qui lui avait
fait tant de mal; elle calma peu-à-
peu le comte Rémond, et l'assura
qu'il avait d'autant plus de tort de
craindre que le baron de Buosen
fût l'époux d'Iseult, que le comte
ne le faisait partir que pour détruire entièrement les affections
d'enfance qu'Iseult et Frédéric pouvaient avoir contractées. Non, non,
mon fils, sois certain que jamais
Iseult ne sera l'épouse du fils de

II. 7

Damster, et c'est bien peu connaître la fierté de M. et madame
d'Hercourt, que d'imaginer qu'ils
puissent consentir à une pareille
alliance. Je respecte les raisons,
quoique je les ignore, qui ont décidé M. de Zizermann à faire sortir
Frédéric de sa caste, pour le faire
entrer dans la noblesse immédiate de
l'Empire, mais que, quelque grand
que soit ce pas, pour le fils d'un simple écuyer, il ne suffirait point pour
lui donner le droit de prétendre à la
main de ma cousine. Ces assurances,
que la comtesse donna à Rémond,
lui rendirent quelque tranquillité.

Cependant Mendorf voyait s'écou-
ler les momens sans avoir encore
arrangé ce rendez-vous, qu'il voulait rendre si funeste au baron,

quand Iseult, entièrement remise
de son évanouissement, fut la première à chercher M. de Mendorf,
pour lui exprimer toute la douleur
qu'elle ressentait du départ du baron de Buosen, et encore, dit-elle,
sans que nous ayons pu nous promettre de nous aimer toujours. —
C'est ce qu'il me disait à l'instant,
reprit M. de Mendorf. Ah! s'il pouvait vous voir, ne fût - ce qu'un
quart - d'heure , pour vous exprimer librement l'ardeur de ses
sentimens, il partirait moins malheureux. Vous savez que l'on se
masquera à la fin du bal , et qu'a-
lors..... — Ah! M. de Mendorf, cela
ne serait pas possible; pensez donc
ce que dirait ma mère, si elle ne
me voyait pas auprès d'elle. — Il

serait aisé de le lui laisser ignorer.
Parmi les jeunes personnes qui vous
servent, vous avez Nérine et sa
sœur, qui vous sont singulièrement
attachées. Si la mascarade a lieu,
comme je l'imagine, il faut vous
masquer toutes trois de la même
manière. Georgette est absolument
de votre taille ; elle tiendra parfaitement votre place à côté de la baronne, et vous passerez pour elle
sans que personne puisse s'en douter ; vous gagnerez la petite porte de
la galerie ; elle donne, comme vous
savez, sur l'escalier dérobé, qui vous
conduira à l'esplanade. La grande
tour destinée à garder l'entrée de la
grille n'est point habitée ; j'aurai soin
d'y porter de la lumière ; la porte ne
se ferme point ; vous y entrerez faci-

lement; vous n'y serez pas long-
temps sans que Frédéric ne vous y
joigne, s'il n'est pas arrivé avant
vous; là, au moins, sans aucune
contrainte, vous pourrez expliquer
vos sentimens, et prendre des ar-
rangemens avec ce bon jeune homme
pour vous garantir du malheur d'é-
pouser Rémond qui vous rendrait,
j'en conviens à présent, la plus infortunée des femmes. — Mais si
ma mère savait.... — Elle ne le saura
pas. Georgette ne la quittera pas;
elle croira que c'est vous. Si elle lui
parle, elle feindra, pour ne pas répondre, qu'accablée par la fatigue,
elle s'est endormie. D'ailleurs vous
ne serez qu'un instant; Nérine ne
s'éloignera pas de vous, et je suis bien
sûr du respect du baron avec qui

vous n'avez rien à craindre. — Eh! mon Dieu, que voulez-vous que je craigne, si ce n'est d'offenser ma mère? mais, si vous me promettez qu'elle n'en saura rien, je ne demande pas mieux : car je serai bien aise de pouvoir parler seule à mon cher Frédéric avant son départ, lui recommander de ne point s'exposer, et puis lui donner une boucle de mes cheveux, lui en demander une des siens, afin que nous ne soyons pas entièrement séparés. Mendorf, au comble du bonheur d'avoir aussi bien servi les intérêts de la méchante Pétronille, chercha le nouveau baron et l'emmena à l'autre extrémité de la galerie. Il lui dit qu'un grand bonheur se préparait pour lui, qu'une belle et charmante personne profi-

terait de la liberté de la mascarade,
pour venir lui faire ses adieux dans
la tour de l'esplanade, qu'il ne pouvait lui en dire davantage, mais
qu'il l'avertirait dès qu'il en serait
temps. Le baron ne comprit point
d'abord que cette belle ne fût autre
que sa bien-aimée, et il était décidé
à ne point se rendre à un rendez-
vous qu'il regardait comme une infidélité à la dame de ses pensées;
mais, comme il voulait le dire à
Mendorf, il était à l'autre extrémité
de la galerie. Pétronille, qui savait
déjà par Mendorf que le succès de
sa méchanceté tenait à faire adopter
au comte le projet d'une mascarade,
n'eut pas grande peine à l'obtenir.
Les dames se masquent, et, comme
on en était convenu, Iseult et ses

deux demoiselles s'habillèrent de la
même manière. Mendorf, déguisé
en vieille, vint trouver Buosen, et
lui dit que mademoiselle d'Hercourt
l'attendait dans la grosse tour. —
Je n'en crois rien, mon cher, mais,
comme c'est une plaisanterie que
vous me faites, je ne demande pas
mieux de m'y prêter, et m'attends
bien à trouver au rendez - vous
Nérine et Georgette, car je crois les
avoir vu passer par la petite porte
de la galerie; je vais m'y rendre. Il
descendit aussitôt, et il aperçut,
dans l'obscurité, deux masques qu'il
avait vu sortir de la galerie. Ils mar-
chaient d'un pas mal assuré, et se
dirigeaient vers la tour où on voyait
de la lumière. Elles entrèrent, et
Buosen, qui les avait vu passer sans

qu'elles le vissent, entra presque
aussitôt. Quel fut son étonnement,
je dirai presque sa douleur, quand
Iseult, ôtant son masque, il vit que
Mendorf ne l'avait pas trompé. —
O cher ange! lui dit-il, qui a pu
vous déterminer à venir ici? avez-
vous réfléchi à tous les dangers qui
vous environnent? — Non, dit-elle,
M. de Mendorf m'a assuré qu'il n'y
en avait pas. J'ai laissé Georgette près
de ma mère, qui croira que c'est
moi, étant masquées de même.
Mais quoi! cher Frédéric, on m'a-
vait dit que vous seriez heureux de
pouvoir me voir un instant; je viens,
je cède à vos désirs, et je vous trouve
triste, froid. Ah! M. de Mendorf
m'a trompée, vous ne m'aimez pas.
— Ah! Dieu, je ne vous aime pas,

je donnerais mille fois ma vie pour
vous, mais votre gloire m'est encore
bien plus chère que ma vie. Eh! que
pourrait - on imaginer si on vous
trouvait ici avec moi? Ah! pardonnez, chère Iseult, vous avez été éga-
rée, votre cœur est pur; qu'il m'est
doux d'y régner, mais...... Iseult,
muette de surprise et de douleur,
faisait d'inutiles efforts pour retenir
les larmes qui s'échappaient de ses
yeux. — O mon Dieu! disait-elle
à Nérine, je n'aurais jamais cru que
je fusse obligée de me justifier à ses
yeux d'une démarche que mon
amitié m'avait fait paraître toute
simple; mais il en est fâché, il la
trouve inconsidérée, et je le vois à-
présent, je n'y avais pas réfléchi.
— Que vos larmes, chère Iseult,

me font de mal. Pardonnez ma franchise, ce n'est pas mon opinion que
j'exprime en paraissant blâmer ce
témoignage d'amitié qui me flatte
sensiblement, c'est celle de ceux qui
pourraient le savoir. — Ils ne le
sauront pas, mon bon ami ; quittez
je vous prie cet air sévère qui me
glace d'effroi. Pensez que nous allons être bien long-temps sans nous
voir, que peut-être on me contrain-
dra d'épouser mon cousin, que j'en
mourrai de douleur, et que dans
toute ma vie il ne me reste plus que
ce seul moment de félicité à espérer,
et que je n'ai pas encore quatorze
ans. Je vous apportais une boucle
de mes cheveux, je vous en demande
une des vôtres.

Le baron, pénétré de la naïve tendresse d'Iseult, tombe à ses pieds, lui jure un amour éternel, et, prenant ses cheveux, il les baise avec ardeur, les place sur son sein. Iseult veut l'engager à se lever, et avant qu'il eût cédé à sa prière, avant qu'il lui eût donné de ses cheveux, la porte de la tour s'ouvre, deux masques entrent qui bientôt se découvrent : c'était la comtesse et son amie.

Iseult fait un cri et tombe aux pieds de sa mère. — Je ne voulais pas le croire, quel mal vous me faites, dit Alexandrine en la relevant. — L'extrême jeunesse d'Iseult peut excuser sa démarche, reprit la comtesse; mais que vous, Frédéric, vous abusiez des bienfaits du comte pour vous en targuer, et vous croire permis, parce que vous êtes d'aujourd'hui dans le rang où depuis plusieurs siècles existaient nos ancêtres, de chercher à séduire la fille de mon amie, l'attirer dans une démarche qui la perdrait. — O ma mère, ce n'est pas lui, il ne savait pas, il a été surpris de me voir, il m'a grondée. — Ne la croyez pas, Madame, je suis seul coupable. J'ai sollicité cette faveur; j'ai fait valoir un départ, un éloignement, une séparation bien longue peut-être. — Non, ma mère, il n'a rien dit, mais on l'a fait parler. J'ai cru celui qui l'a inventé, sûrement pour mon malheur. Ah! je ne croirai plus personne; voyez l'exacte vérité : interrogez Nérine, elle vous dira comment tout s'est passé.

Nérine, au désespoir de se trouver dans ces démêlés, eût voulu être
à cent pieds sous terre. Elle rendit
néanmoins justice au baron de
Buosen. — Ce n'est point ici ni le
temps ni le lieu de s'expliquer, reprit Mme d'Hercourt, une plus longue disparition dans la galerie serait remarquée. Nous sommes sor-
ties avec Georgette, que j'espère
que l'on croit être vous ; qu'elle
reste maintenant avec sa sœur, et
vous, Mademoiselle, remettez votre
masque et suivez moi. Surtout point
de scène nouvelle, point d'évanouissement; quand on a eu l'audace
de faire une faute, on doit avoir le
courage de la réparer. Il est possible
que vous ne soyez pas perdue, que
votre père ignore votre imprudence,

ainsi que votre cousin ; mais ne per-
dons pas de temps : et, replaçant
elle - même le masque de sa fille,
elle la prit par le bras et sortit.

La comtesse adressa encore ces
paroles à celui qu'elle croyait fils
de Damster : Vous ne démentez
pas, Monsieur, le sang d'où vous
sortez. Votre père faillit me perdre,
il a troublé sans retour le repos de
mes jours, vous en faites autant
pour celle que je regarde comme
ma fille, que je destine à mon fils.
Si j'en instruisais M. le comte de
Zizermann, vous seriez perdu. ——
Ceux, Madame, qui ont ourdi cette
abominable intrigue , pourraient
bien s'en repentir un jour. En me
privant de vos bontés, ils m'ont plus
ôté que je n'ai acquis aujourd'hui

de son altesse. Mais j'espère tout du temps, de votre équité naturelle, et de la justice divine qui venge tôt ou tard les crimes les plus secrets. Mais, lorsque je pars pour combattre les infidèles, lorsque je ne vous reverrai jamais, n'aurais-je donc pour adieux que des paroles sévères, et celle qui me sauva la vie par ses tendres soins, la rendra-t-elle insupportable par la pensée qu'elle m'a banni pour jamais de son cœur? — Non, Frédéric, reprit-elle avec une douceur et un accent de sensibilité qui porta la consolation dans le cœur de Buosen, non, cher et malheureux jeune homme, je ne vous ai pas banni de mon cœur! Combien de fois n'ai-je pas désiré que vous fussiez mon fils : mais c'est au nom de

cet amour de mère que j'ai pour
vous, malgré moi, que j'exige que
vous me promettiez de n'entretenir
aucune correspondance avec ma cousine, et de ne jamais chercher les
moyens de la voir. Buosen mit un
genou en terre, prit la main de
Mme de Zizermann, la posa sur son
cœur, et dit : je le jure par la tendresse que ce cœur vous conservera,
Madame, jusqu'au dernier soupir.
La comtesse ne pouvait retenir ses
larmes. Elle ôta une très-belle bague
de son doigt, la mit à celui de Buosen,
et, sans ajouter un mot, elle sortit
avec Georgette et Nérine, faisant
signe au baron de rester. Il obéit,
et regardant tristement le diamant
que lui avait donné la comtesse,
malgré qu'il fût d'une grande valeur,

il ne lui en connaissait d'autre que
celle d'un don précieux de la femme
qu'il respectait le plus au monde. Il
ne rentra point dans la galerie, et,
remontant dans sa chambre, il donna
ordre à ses gens que tout fût près
pour son départ au lever de l'aurore;
puis il descendit dans les jardins, et,
s'arrêtant sous les fenêtres d'Iseult,
il espéra que peut-être en rentrant
du bal elle prendrait l'air un instant à sa croisée, et qu'ainsi, sans
manquer à sa promesse, il la verrait
encore. A peine y était-il, que Georgette vint le trouver. — Mademoiselle vous a vu, dit-elle, au travers
de la croisée qu'elle n'ose point ouvrir; mais elle me charge de vous
demander les cheveux que vous lui
avez promis. Elle m'a fait prendre

avec moi des ciseaux pour les couper : entrons dans cette grotte. Buosen
suivit Georgette ; mais, avant de se
laisser couper des cheveux, il demanda à Georgette comment la mère
d'Iseult avait été instruite, et elle
lui dit : Vous savez que j'étais
restée auprès de Madame, comme
si j'étais Mademoiselle ; un masque
s'approche de ces dames, et dit à
Mme d'Hercourt : « Vous êtes bien
tranquille, et votre fille est désho-
norée ; elle est seule avec Frédéric
dans la tour de l'esplanade. » « Cela
ne peut être, dit-elle, ma fille ne
m'a pas quittée. » Elle m'appelle ;
alors le masque diparut ; je ne ré-
pondais pas ; elle souleva mon masque, et, voyant que ce n'était pas
Iseult, elle se leva aussitôt, et se

rendit à la tour pour vous y chercher : vous savez le reste, Monsieur.
Alors le baron de Buosen se mit à
genoux devant la jolie messagère,
qui prit une boucle de ses cheveux,
peut-être deux, le manuscrit ne le dit
pas. Elle donna un baiser sur le front
au beau Frédéric, qui le rendit ainsi
qu'un frère le rendrait à sa sœur;
et cependant Georgette a quinze ans,
est très-jolie, et ils sont seuls dans
la nature; mais Buosen a des principes sévères, et ne regardait point
comme un jeu d'enlever à une jeune
fille le précieux trésor de l'innocence.
Quand Georgette fut sortie de la
grotte, il revint sous la fenêtre,
aperçut au travers des vitres une
jeune personne, qu'il crut être Iseult:
il porta sa main sur son cœur, à ses

lèvres. La jeune personne en fit de même : était-ce Iseult, était-ce Georgette, je n'en sais rien. Buosen crut que c'était son amie, et cette persuasion adoucit le cruel moment du départ. Fier du trésor que l'amour lui avait donné, il remonta dans son appartement pour revoir encore ce témoignage de la naïve tendresse de son amie ; et il venait à peine de replacer la boucle de cheveux d'Iseult dans un médaillon qu'il portait sur son cœur, quand Pétronille entra. Elle n'avait pas voulu se dispenser de voir avant son départ celui qui portait le nom de son époux. Il la reçut avec le respect qu'il croyait lui devoir ; elle se plaignit que ce départ fût si prompt, et la priva du plaisir de le conduire elle-même à Buosen,

pour l'y faire reconnaître pour seigneur ; mais que ce serait pour son
retour. Elle lui souhaita gloire et
bonheur ; et étant, disait-elle, très-
fatiguée du bal, elle était forcée de le
quitter ; et, l'ayant embrassé assez
froidement, elle se retira. M. de
Buosen avait une consolation plus
touchante à recevoir.

L'aventure de la tour de l'esplanade
n'avait été sue que de la mère et de la
cousine d'Iseult. Georgette et Nérine
se seraient plutôt fait hacher que
d'en dire un seul mot ; de sorte que
MM. de Zizermann et d'Hercourt
n'en savaient rien. Ayant appris que
M. le baron de Buosen avait donné
ordre que ses équipages fussent
prêts à l'aurore, ils ne se couchèrent
pas, et vinrent dans sa chambre au

moment où il allait la quitter. — Nous n'avons pas voulu, dit le comte, que vous partissiez, mon cher Frédéric, sans vous donner des marques de notre amitié, qui vous suivra au milieu des camps. — Ah! Messieurs, reprit Buosen en regardant d'Hercourt, tant de bontés et un refus si cruel. Il dit ces derniers mots si bas, que d'Hercourt ne put les entendre. Zizermann les comprit, et son cœur se serra d'une sombre tristesse.

On vint avertir que tout était prêt. Le comte et les deux barons descendirent. Ces messieurs montèrent à cheval avec le jeune guerrier. Le soleil se levait brillant de mille feux, et déjà la contrée était presqu'entièrement colorée par

ses rayons ; les oiseaux célébraient
le retour de la lumière, et un vent
frais apportait les parfums des fleurs
qu'il recueillait dans sa course lé-
gère. Tout invitait à la reconnaissance et au recueillement, mais tout
aussi rappelait au baron de Buosen
qu'il quittait, peut-être sans retour,
cette même contrée où il avait vu
vingt fois l'année se renouveler, où
il laissait sa bien-aimée en butte aux
traits des méchans. Il était indigné
de l'abus de confiance de Mendorf,
car il ne doutait pas que c'était lui
qui avait conduit la naïve Iseult
dans le piège où il l'avait ensuite
fait surprendre. Il réfléchissait s'il
ne devait pas instruire le comte et
M. d'Hercourt combien cet homme
était dangereux ; mais comment, en

un moment, détruire une confiance
qui avait passé du père au fils, et
que Mendorf avait toujours justi-
fiée par le succès des démarches dont
on l'avait chargé. Il ne se permit
donc point de le peindre sous les
couleurs qu'il méritait, pensant d'ailleurs que toute révélation à ce sujet
pouvait avoir des suites fâcheuses
pour Iseult, et qu'il fallait mieux
se taire que d'apprendre au comte
et à son ami ce qu'il paraissait que
l'on avait eu la prudence de lui cacher.

MM. de Zizermann et d'Hercourt
accompagnèrent leur jeune ami à
plus de deux lieues de la vallée :
puis, ayant mis pied à terre, ils
l'embrassèrent, lui souhaitèrent toute
sorte de bonheur, et ne se séparèrent

II.   8

pas de lui sans être ému. Buosen l'était
si profondément, qu'il ne pouvait
parler. Cependant il fit un effort sur
lui-même pour prier M. de Zizermann de le mettre aux pieds de la
comtesse et de sa cousine. Mais jamais il ne put prononcer le nom
d'Iseult. Le comte ne se trompa
pas sur la cause de ce silence, et il
s'en applaudit encore plus d'avoir
hâté un départ qui, s'il avait été
différé, aurait pu avoir des suites
fâcheuses. Il serra encore la main
du jeune homme, remonta à cheval,
et ils s'éloignèrent de toute la vîtesse
des jambes de leurs chevaux, comme
s'ils n'eussent jamais dû être assez
loin les uns des autres.

Il y avait près de trois quarts
d'heure que Buosen galoppait ainsi,

sans savoir ce qu'il faisait, quand
il s'aperçut que son cheval s'arrê-
tait malgré lui, parce qu'à cet en-
droit la route traversait une mon-
tagne fort roide, que ce bon animal
trouvait plus sage de monter au pas.
Sa résistance tira son maître de l'es-
pèce de stupeur où la séparation du
comte l'avait jeté. Il permit à son
coursier de prendre l'allure qui lui
conviendrait le mieux, et cette marche lente, en le laissant plus libre
de se livrer à ses douloureuses réflexions, ajouta à l'état d'affliction
où il était, non qu'il ne regarda pas
comme un extrême bonheur de pouvoir entrer dans la carrière d'une
manière aussi brillante qu'il allait
le faire, grâce aux bontés du comte;
mais il était désespéré de s'éloigner

d'Iseult et d'imaginer tous les maux
que son amour lui causerait, lui qui
aurait voulu donner sa vie pour rendre la sienne heureuse.

Fin du second volume.

www.ingramcontent.com/pod-product-compliance
Lightning Source LLC
Chambersburg PA
CBHW072043080426
42733CB00010B/1977